쓰고
잇고
읽는

박성열은 부지런하고 섬세한 발걸음으로 새로운 길을 가는 사람이다.

모스그래픽 대표 석윤이

김이경 편집장님은

자유를 소리 내어

말하지 않고

자유를 가르쳐 주고

쥐여 주고 누리게 해준

고마운 사람입니다.

《어떤 이름에게》저자

박선아

홍성사 대표 정애주

내가 신뢰하는 김진성의 '册'은 그 품격이 남다르다.

쓰고 읽는 행위의 양 끝을 잇는──

—사람들의 다양한 방식에 관하여

다시 스무살이 된다면 꼭 석윤이 디자이너에게 배우고 싶다.

워크룸프레스 공동대표 김형진

좋은 냄새가 나는 사람.

그에게는 향기가 있다.

생각-마음 가는 곳에 몸-손이 저절로 따라간다.

그의 말을 곁에서 듣고 싶게 하는 사람.

디세뇨(disegno) 심우진이다.

천년의상상 주간 선완규

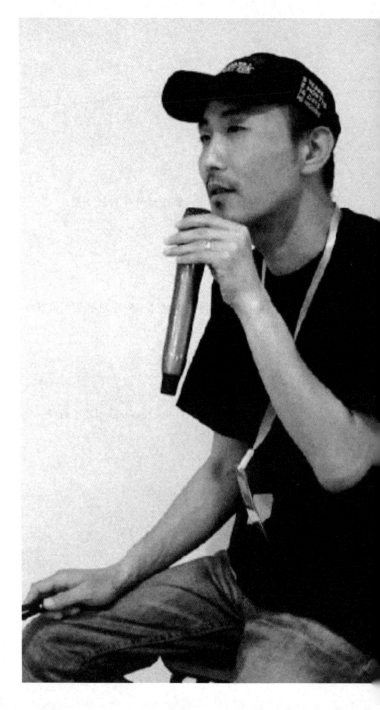

이연대는 미디어와 콘텐츠의 새로운 길을 개척하고 있는 혁신가다.

전 리디북스 CBO 이동진

김이경 × 김진성 × 박성열 × 석윤이 × 심우진 × 이언제

쓰고
잇고
읽는

홍성사.

기획자의 글

여느 때와 같은 신간 기획회의 후,
골목 골목을 돌아 커피를 사러 가던 길이었습니다.

'출판사는 꼭 필요한 걸까?
왜 대다수의 책은 출판사를 통해 세상에 유통되고 있는 걸까?'

짧은 답으로 정리될 것 같은 우문이
이 기획의 시작이었습니다.

생각해 보니 구텐베르크 이후 출판 프로세스는
변한 게 거의 없었습니다. 소수의 시선으로 찾고, 모으고,
가리고, 가공해서 세상에 내보내는 큰 흐름은 비슷했죠.
하루가 다르게 급변하고 있다는 시대에도 말입니다.

한동안 출판사의 이유를 회의(懷疑)하다,
문득 쓰고 읽는 행위, 그 중간을 잇고 있는 이들의
이야기가 궁금했습니다. 600여 년 전에도, 그리고 지금도
여전히 실제적인 의미를 만들고, 연결하는
그들을 만나고 싶었습니다.

그들은 에디터, 그래픽 디자이너, 아트 디렉터,
플랫폼 기획자, 서비스 기획자 등으로 불리었습니다.
단행본, 잡지, 플랫폼 등 여러 매체에서 다양한 방식으로
'실제'를 만들고 있는 사람들이죠.《쓰고 잇고 읽는》은
바로 이들이 어떻게 가치를 만들고, 연결하고 있는지에
관한 이야기입니다.

세상의 모든 것이 서로 연결될 거라는 시대의 앞에
있습니다. 쓰기와 읽기를 연결하는 방식 또한 무척이나
복잡하고 낯설게 변화할 겁니다. 종이책도 전자책도 아닌
미래 책의 본질은, 이 연결 방식의 뒤틀림에 있을 것
같습니다. 그 시대가 오기 전 이들의 이야기를 들을 수
있어서 좋았습니다. 지면을 빌려 깊은 감사를 드립니다.

엉성한 스케치가 그림이 될 수 있도록 도와주신
모스그래픽의 석윤이 디자이너, 생각이 눈앞에
보일 때까지 늘 기다려 주셨던 정애주 대표님, 그리고
2019년 봄의 홍성사 직원분들께 못다 한 마음을 전합니다.

일러두기

1. 2019년 5월 8일부터 5월 31일까지 홍성사 양화진책방에서 열린
   '쓰고 잇고 읽는' 강연을 토대로 엮은 책입니다.

section 1

5/8   **책을 쓴다는 것, 책을 만든다는 것**
도서출판 사이드웨이 대표 박성열

5/10   **젊은 혁신가를 위한 콘텐츠 커뮤니티 '북저널리즘' 브랜드 토크**
북저널리즘 대표 이연대

5/14   **꾸준히 낭비하기**
디자이너 이기준

5/17   **닭이 먼저인가 달걀이 먼저인가를 엿듣는 병아리의 마음: 책과 활자**
산돌 연구소장 심우진

section 2

5/21   **취향을 이야기하다**
어라운드 편집장 김이경

5/24   **디자인 기술: 입자와 파동**
디자이너 김진성

5/28   **왜 브런치에 글을 쓰는가**
카카오 브런치 파트장 오성진

5/31   **작은 캔버스, 그래픽을 만나다**
디자이너 석윤이

2. 이 책은 저자마다 문체와 집필 방식이 다른 독립된 구성임을 밝힙니다.

3. 167쪽의 《호랑이 사냥》과 《레몬》 표지는 월간 〈디자인〉에서 촬영한 이미지를
   허락받아 사용하였습니다.

전설적인 포커 챔피언이었던
데이비드 스클랜스키의 말은
책을 내는 일과도 잘 어울린다.
"나는 절대로 운을 기대하지 않는다.
단지 운이 차지하는 부분을 최소화하기 위해
항상 운과 싸울 뿐."

홀로
출판사를
꾸려 간다는
것

박성열
도서출판 사이드웨이 대표

1인 출판사는 무엇이고, 나 홀로 출판업을 꾸려 간다는 것은 무엇을 말해 주는가. 그 일은 왜 많은 사람에게 관심과 주목을 받고 있는가. 나는 이 자리를 빌려 여러분과 그에 관하여 이야기를 나누고자 한다. 여러분도 아시겠지만, 이 책의 필진으로 참여한 분들 모두 저마다의 분야에서 탄탄한 실력을 자랑하며 한창 주가를 올리는 이들이다. 자신만의 스타일로 현재의 출판 트렌드를 이끌어 가고 있다는 측면에서 흠모를 받아 마땅한 분들이다.

　　나는 그렇지 않다. 그런 면에서 그분들과 함께 지면을 장식하는 게 부끄럽고 민망할 뿐이다. 나는 3년여의 시간 동안 여전히 허덕허덕 나의 길을 뚫어 가는 중이며, 아직까지도 내가 해나가는 모든 일은 시행착오와 실패, 도전의 연속에 가깝다. 여기서는 그러한 과정에 관해 되도록 솔직하고 꾸밈없는 이야기를 들려드리고자 한다.

　　거기에 함께 담길 수 있는 생각거리나 통찰 같은 게 있을지 모르겠지만⋯ 이 자리를 마련해 주신 홍성사 측의 강연 및 원고의 콘셉트가 '쓰고 잇고 읽는'이었는데, 정말 근사한 제목이 아닌? 1인 출판사란 어찌 보면 그 세 가지가 연결된 지점을 한 사람이 총괄해서 관리하는 업이라고 할 수 있겠다. 이 직업적 정체성은 과거처럼 탄탄한 조직의 도움을 받지 않고 혼자 해나간다는 점에서는 파격적이지만, 또 각양각색의 콘텐츠와 플랫폼의 홍수 속에서도 정통 출판의 영역을 고수한다는 점에서는 보수적이다.

　　그러나 파격과 정통을 떠나, 어쨌든 간에 이 일은 하나의 업무를 기술적·실무적으로 너끈하게 장악하는 것과는 거리가 멀다. 굳이 1인 출판이라는 틀이 아니더라도, 출판업이란 자신이 모든 일을 장악하는 대신 그 일을 장악한 사람들을 매끄럽게 이어 주고 조립하는 역할에 가까울 것이다. 윤활유가 잘 발라지고 촘촘히 맞물린 볼트와 너트처럼.

그렇지만 볼트와 너트가 아무리 제 역할에 충실하다고 하더라도 그건 역시 볼트와 너트일 뿐이다. 그로부터 파생되는 여러 재미있는 이야깃거리가 많을 것이다. 예컨대 보통의 경우, 나는 저자를 포함하여 함께 일하는 분들에게 매사 웃으면서 격려와 상찬의 말을 멈추지 못한다. 멈추면 안 된다. 그들이 이 업의 중추가 되는 하드웨어와 소프트웨어를 담당하고 있지 않은가? 그러니 싫은 소리 하나 할라 치면 열 번은 곱씹고 조심스럽게 말을 꺼내며 그들의 안색을 살피지 않을 수 없는 것도 사실이다. 자발적이고도 자연스러운 '을 역할'의 생활화랄까.

물론 그와 같은 과정 또한 전반적으로 재밌고 보람찬 것은 부정할 수 없다. 일이 술술 풀릴 때 함께하는 이들과 누릴 수 있는 뿌듯함은 놀랄 정도다. 하지만 나도 사람인지라 그런 '볼트와 너트'의 일에서 오는 피로감과 자괴감은 막중하고 힘겨울 때가 많다. 이런 이야기를 토로하면 친한 선배에게 돌아오는 답은 늘상 '세상에 안 힘든 일이 어디 있겠느냐'다. 그렇다. 세상의 모든 일은 저마다 다 험하고 괴로우며, 이 일 또한 마찬가지다. 더구나 이건 내가 자발적으로 선택했던 삶과 업의 방식인 것이다.

시간과 인내심, 그리고 돈과 벌이는 싸움

모든 사업이 그렇겠지만 이 일도 '시간과 부대끼는 일'이 큰 비중을 차지한다. 여기서 시간이란 곧 인내의 다른 이름일 것이다. 한 권 한 권 마치 자식처럼 사랑을 쏟고 내 모든 에너지를 밀어 넣은 책을 세상에 내놓게 되는데, 나의 경우에는 한 권의 책을 만드는 데 기획 및 계약부터 책이 완성되는 시점까지 평균 1년 남짓한 시간이 걸리곤 했던 것 같다. 1년은 짧은 시간이 아니다. 그 기간의 정서를 요약하자면…. 책이 만들어지는 과정부터 독자 손에 쥐어지고, 그 책이 인기를 얻어 베스트셀러가 되길 바라는 것까지, 오랫동안 이어지는 그 모든 시간을 통틀어 '조금만 더', '언젠가는' 혹은 '조만간 분명히'를 끊임없이 되뇌게 되는, 말하자면 인내심과 벌이는 하염없는 싸움이랄까.

그렇게 긴 호흡의 시간을 곱씹으면서도, 매일같이 정신없이 여러 일에 치이는 게 이 업의 특성이다. 당연한 이야기이지만 출판사가 책을 한 번에 한 권만 준비하는 건 아니지 않은가? 옛날부터 익히 들었던 '자전거의 비유', 즉 출판사의 일은 멈추면 쓰러지는 자전거와 같다는 비유는 책을 준비하는 과정과 파는 과정, 관리하는 과정을 아우르는 말로 매우 정확했던 것이 아닐까 싶다. 내가 만들어 두고 또 만들어 가는 신간과 구간에 둘러싸인 채 계속되는 저자 커뮤니케이션, 원고 편집, 오프라인 서점 영업, 온라인 도서 홍보, DB 및 창고 관리, 계산서 및 정산 업무, 그리고 새 저자의 물색…. 이런 것들을 기본적으로 챙겨야 하고 거기에

도서출판 사이드웨이가 펴낸 아홉 권의 책

다 새로운 일은 하루가 멀다며 치고 들어오는데, 내게도 어느덧 몇 년째 이 일들과 지지고 볶는 생활이 이어지고 있다.

시간도 시간이고 인내심도 인내심이지만, 사업의 핵심은 역시 돈이며 그건 출판의 경우도 마찬가지다. 지난 몇 년 동안 내 통장에는 잔고가 200만 원 이상 쌓인 적이 거의 없다. 나는 언제나 쫓기면서 잔금을 치르고 대출금을 갚으며 예산을 책정한다. 그런 면에서 1인 출판이라는 일은 '쓰고 잇고 읽는' 그 모든 '아름다운' 일들 이전에 나의 사업자 주거래 통장과 치르는 고독한 싸움이 아닐까 싶다. 매일처럼 난 온라인뱅킹을 열어 통장의 잔고를 노려보며 이번 달의 살림살이를 가늠한다…. 가히 전쟁이라고 불러도 무방하다. 아무도 알아주지 않고 오직 내가 나의 계좌를 들여다보며 신음을 흘릴 수밖에 없는 조용한 전쟁 말이다.

물론, 독립한 지 1년이나 2년 차쯤 종합 베스트셀러를 낼 수 있었던 출판사는 이런 과정에서 예외라고 부를 수 있을 것이다. (부럽기 그지없다.) 몇 년에 걸쳐 차곡차곡 20여 권 이상의 책을 낸 후 안정된 백리스트를 쌓을 수 있던 출판사의 경우도 사정은 다르다. (그분들의 그 꾸준한 노고에 존경을 표한다.) 나는 이제 아홉 권의 책을 펴냈고 곧 출간될 열 번째 책을 마무리하고 있으니, 어떤 면에서는 얼마간의 터닝 포인트라 할 만한 지점을 지나고 있는 것 같다.

그렇지만 내가 통장을 보며 조금이라도 든든함을 느끼며 나의 미래를 꾸릴 수 있는 안정적 기반은 여전히 기약 없다. 과거에는 1인 출판사가 책 열 권만 쌓아 두면 그래도 좀 안정될 거라는 말을 많이 하던데, 출판시장이 점점 더 위축

되고 있는 탓인지 얼마 전에는 그 권수가 15권이 맞겠다는 말도 들었다. 또 최근에는 10권이나 15권은 옛말이고, 몇 권을 쌓아 둬도 힘든 건 똑같더라는 말을 듣기도 했다. 다소 맥이 빠지는 건 어쩔 수 없지만, 별수 있겠는가? 나는 종합 베스트셀러와 '대박'에 대한 욕망을 꿀꺽 삼킨 채 그저 내가 해나가던 일을 멈추지 않으려 노력하고 있다.

나는 어떻게 내 자리에서 분투하고 있는가

특히 자본의 측면에서, 나의 경우는 꽤 특수한 사례에 포함되기도 할 것이다. 어찌어찌 젊은 시절을 보내다 보니 30대 중반 모아 놓은 돈 한 푼도 없이 5천만 원의 대출금을 받아서 1인 출판을 시작했다. 난 중소기업진흥공단의 청년 창업대출 심사를 거친 후 대출을 받게 되어 이 일에 뛰어들었는데, 아마도 이처럼 공단이나 지자체 등에서 예비창업자들을 위해 저리의 대출이나 이런저런 지원을 해주는 제도는 지금도 적지 않을 것이다.

과거 잡지사와 출판사에 몸담았던 시간은 꽤 되지만, 내가 무슨 인기 저자와 인맥, 든든한 홍보 채널 같은 걸 갖춘 후 일을 시작한 것은 전혀 아니었다. 훗날 출판계의 선배들이나 1인 출판을 먼저 시작한 동료들의 이야기를 들은 후, 내가 얼마나 무모하고 준비 없이 이 일을 시작했는지를 잘 알 수 있었다. (왜 일을 처음 벌이던 그때는 그토록 근거 없는 자신감에 차 있었던가?) 다른 여느 사업과 마찬가지로 출판업 또한 돈으로 움직이는 것이며, 초기에는 더 그렇다. 내가 이 일을 시작하기 전 3~4천만 원이라도 저축해 둔 뒤 그것을 사업 자금에 활용할 수 있었다면, 훨씬 더 안정적으로 지금의 일을 운영할 수 있었을 것이다.

그 정도의 액수는 물론 큰돈이라면 큰돈이겠지만, 하나의 사업을 시작한다는 측면에서는 그리 큰 투자금이라고 할 순 없을 것이다. 나는 그것을 모으지 못한 채 창업을 서둘렀고, 지난해까지 오랫동안 여러 아르바이트를 겸하며 쫓기듯 책을 만들어야 했다. 지금 유관 업계에서 독립을 생각하시는 분이라면, 그 정도의 자본금과 함께 추가로 내가 받은 것과 같은 저리의 대출을 이용할 수 있다면 (적어도 투자액의 차원에서는) 어느 정도 도전해 볼 만하다고 말씀드리고 싶다. 적어도 두어 개의 기획거리가 어느 정도 완성된 상태면 더할 나위 없을 것이다. 나는 그런 준비 과정을 건너뛰었고, 그 건너뜀의 대가를 충분히 치른 것 같다.

그래서 나는 내 결정을 후회하는가? 그건 잘 모르겠다. 후회하고 말고는, 그러니까 내가 이 일을 과감하게 시작하고 말고의 여부는 이미 내 손아귀를 떠나 버렸다. 주위에서는 그 과감한 선택이 퍽 성급하긴 했어도 훌륭한 결정이었다고도 말해 주고, 또 누군가는 아무래도 조금 지나쳤던 것 같다고도 말해 준다. 나 자신에게도 과거의 선택에 대한 평가는 여전히 둘 사이를 갈팡질팡 오간다. 세상만사에 정답이 있을 리 없다는 말은 새삼스럽지도 않은데, 하물며 자신의 사업을 시작해 하루하루 붙잡고 있는 경우보다 이 말이 더 들어맞을 때가 있을까?

아무튼, 난 지금도 꽤 열심히 이 일에 몸담고는 있다.

나는 처음 홍성사에서 마련해 준 이 강연 자리에서 좋은 저자를 찾는 제일의 미덕으로 '저자의 분투성'을 꼽았던 바 있다. 저자가 지금 이 순간 유명한 사람이든 아니든, 그의 채널이 영향력이 있든 없든, 그의 글솜씨가 당장 뛰어나든 아니든 간에 정말로 자기 이야기를 세상에 널리 전파하려는 '분투의 마음'이야말로 좋은 책이 지닌 가장 첫 번째의 덕목이라고.

그 생각은 변함없지만, 아마도 내가 좀 섣불렀던 것 같다. 그 강연을 원고로 정리하는 이 자리에서 나는 저자의 분투성을 따지기 이전에 '나의 분투'에 관해 이야기할 수밖에 없다는 걸 깨달았다. 나는 과연 분투하고 있던가? 제대로 책을 만드는 일에 매달리고 있으며, 이 업에 착 달라붙은 나의 실력과 속도를 올바르게 판단하고 있는가? 나는 내 일을 다른 누군가에게 적극적으로 권할 수 있을 만큼 이 직업을 사랑하고 있는가?

열 권의 책을 펴내는 걸 목전에 둔 지금, 만약 3년여 전의 나처럼 출판사의 창업을 고민하는 분들이 계신다면 조금은 더 차분하고 조심스럽게 접근하시기를 권해 본다. 물론 나처럼 과감하게 뛰어들어도 거기서 오는 나름의 즐거움과 강점은 있을 테지만 말이다. 어차피 이런 선택에 정답은 없다. 다른 모든 일도 마찬가지이지만, 책을 만들어 파는 일은 더 그럴 것이다.

출판은 누구나 뛰어들 수 있기에, 오히려

많은 분이 1인 출판사에 관심도 많고, 실제로 출판사를 차리고 계신다. 출판사를 시작하는 분들이 전하는 후기에 자주 보이는 내용이 있다면, 출판사 창업이 그렇게나 쉽다는 점에 놀랐다는 것이다.

그럴 만도 하다. 자신이 사는 곳의 세무서에 가서 사업자등록증을 발급받고, 시청에 가서 출판사 등록 신고증을 받으면 내 이름으로 된 출판사가 '설립'된다. 나는 그 정도의 절차면 이미 한 출판사의 '사장'이 된 것이다. 여기에 더하여 내가 찍어 내는 책을 보관할 창고 및 배본사를 찾아가 계약하고, 각각의 서점 및 도매업체들과 계약을 맺으면 이미 기본적인 출판업의 세팅은 완료된 것이다. 다른 사업을 해본 적이 없어 적절한 비교는 힘들겠지만, 이 정도면 한 사업체의 '사장'이 되기까지 참으로 간단한 축에 속할 것이다.

다른 업종의 일들에 비한다면 '책을 만들어 파는 일' 또한 매우 쉽고 소박한 게 분명하다. 이 또한 돈의 문제와 결부되어 있다. 출판업은 제조업에 속하되, 제조업치고는 투자 및 설비자금의 비용이 상당히 낮은 편이다. 오래전부터 계속되는 1인 출판과 독립출판의 유행이 잘 말해 주고 있듯 이 일은 기본적으로 아주 슬림하고도 단순하며, 이것이 출판사 창업의 진입장벽을 낮추는 근본적인 요인이 되어 준다. 책을 만드는 일에는 따로 가게나 부지를 임대할 필요가 없고, 그러니 그곳을 상시로 지킬 필요가 없으며, 무슨 물건을 떼 와서 그걸 굳이 가공하거나 비축해 둘 필요도 없다. 이것이 지식산업 혹은 콘텐츠 산업에 속하는 이 업의 특징일 것이다.

책의 성격과 물성에 따라 워낙 다양하겠지만, 만일 어느 출판사가 표준적인 관행에 따라 저자와 계약을 맺고, 약 300페이지 분량인 책의 디자인 및 편집에는 적절한 외주를 쓰며, 종이책 2,000부 정도를 찍어 낸 후 아주 기초적인 홍보 및 광고를 진행한다고 가정한다면 비용이 얼마나 들까? 나의 인건비는 당연히 제외하더라도, 약 1,500만 원 정도의 비용이 소요되지 않을까 싶다. 그래서 앞서 말한 3~4천만 원의 금액이라면 두세 권의 책을 안정적으로 출간하고 첫 사이클을 굴리는 데 걸맞은 비용이라고 할 수 있다.

그렇지만 꼭 이렇게 '전통적인' 방법을 따를 필요는 없다. 인터넷에는 책을 턴키로 싸게 만들어 주겠다는 아웃소싱 업체들이 차고 넘치며, 요즘은 종이책을 내지 않고 전자책으로만 책을 유통하는 것도 흔하지 않은가? 굳이 종이라는 물성에 기대지 않은 웹소설 시장도 엄연히 출판의 영역에 포함된다. 기존의 출판 영역이 점점 더 영세하게 위축되고 있는 한편 수많은 독자는 모바일 화면 안의 재미있는 읽을거리를 찾아서 충분히 잘 즐기고 있다.

중요한 것은 이것이다. 나는 출판이 쉬운 일이라고 말하면서도 책 한 권을 만드는 데 드는 돈을 줄줄 나열했는데, 사실 책이 팔리는 일의 핵심은 그런 것이 아니다. 책은 어떤 용기에 담겨 있든 간에, 어느 회사가 펴내든 간에 '재미있으면 읽힌다.' 금박을 두른 양장에 사철 제본으로 만들어진 책이든, 스마트폰 화면에서 리디북스나 카카오페이지의 뷰어로 보는 책이든 상관없다. 사람들은 재밌는 읽을거리 앞에서는 홀린 듯 글자를 읽을 뿐이지 그 읽을거리를 만들어 팔고 있는 출판사가 어디인지는 아무도 관심을 갖지 않는다. 즉, 볼트와 너트는 결국 부차적인 것일 뿐이다.

그런 면에서 출판이라는 업은 기본적으로 연예계와 비슷한 속성을 지녔다고 할 수 있다. (이 또한 콘텐츠 산업의 특징이기도 하겠지만.) 극소수 스타에게 관심이 쏠리고 나머지 대다수의 연예인은 무명에 가까운 구조를 누가 탓할 수 있을까? 이와 비슷하게 출판업은 기본적으로 대중의 관심을 먹고 영위되는 것이며, 그 관심이 곧 매출과 영향력으로 직결될 수밖에 없는 업종이다. 박정민 배우도 1인 출판사를 차렸고, 김영하 작가와 임경선 작가도 독립해 출판사를 차렸으며, 출판계의 총아라 불릴 만한 이슬아 작가도 마찬가지로 본인의 출판업을 시작했다. 자기 채널과 팬덤, 콘텐츠가 확고한 스타들이 출판업에 뛰어들고 있다는 소식은 이 일의 본질에 대해 묻지 않을 수 없게 만든다.

그렇지만 나는 김영하가 아니고 이슬아도 아니다. 다시 말하지만, 출판업이란 누구나 뛰어들기 쉽고 진입장벽이 낮은 일이다. 동시에 글쓰기로는 어딜 가서도 빠지지 않을 김영하와 이슬아도 출판사를 운영하며, 콘텐츠와 플랫폼이 결합된 그들 회사의 사업적인 수지타산은 적어도 이 시점에서는 매우 탄탄할 게 틀림없다. 그렇다면 모든 인기 작가가 자신의 1인 출판사를 시작하는 게 자연스러워지는 흐름도 충분히 가능하지 않을까? 꼭 창업까지는 아니더라도, "출판사가 대체 해주는 게 무엇이냐?"고 묻는 게 어색해지지 않는 트렌드가 존재할 것이다. 과연 출판사가 하는 일이 무엇인가?

나는 다만 어딘가에 숨은 채 아직 발굴되지 않은 김영하와 이슬아를 찾기 위해 노력하고 있을 뿐이다. 그리고 그런 원석 같은 작가를 남다르게 다듬고 빚어내는 일을 내가 잘한다고 믿고 있다. 아니, 믿고 싶다. 그것이 과연 내가 누구보다 잘할 수 있는 나만의 능력인가? 나는 그런 면에서 남들보다 더 탁월하다고 자부할 수 있는가? 내가 과연 얼마나 그런 일에 능숙하고 훌륭한지는 아무도 평가하거나 장담할 수 없는 일에 가까울 것이다.

구름 위의 이야기가 아니라, 속세의 고민 비슷한 것 하나. 나는 저자가 보여 주는 SNS의 영향력 같은 것 이전에 (즉, 저자의 스타성 이전에) 오로지 그의 글이 주는 영감과 에너지로 승부를 보고 싶었다. 그래서 책의 기획 단계부터 저자의 '팔로워 수' 등을 따지거나 저자의 채널에 홍보를 기대하는 일을 가급적이면 절제하고 싶었으나…. 현실은 내 바람과는 퍽 달랐다는 걸 분명히 체감했다는 점도 말해 두고 싶다.

저자의 SNS 활동은 책을 초기에 알리는 점에 있어서 중요했다. 매우 중요했다. 어찌 보면 나만 외면하고 싶었던 당연한 사실이다. 거기엔 책을 내는 과정에서 내 업의 존재가치를 은근히 증명하고 싶던 나의 욕심 같은 것도 스며들어 있었을 것이다. 저자의 유명세에 기대지 않으려는 나름의 노력은 계속해 나가겠지만, 현재까지는 그와 같은 '콘텐츠 산업의 트렌드' 같은 걸 인정할 수밖에 없는 지점이 있다. 나 역시 내가 발을 딛고 있는 이 땅의 유행과 독자층의 현황 같은 걸 외면할 수 없었다고 마무리해야겠지만, 이 또한 얼마간은 변명에 가깝다는 걸 잘 알고 있다.

작은 출판사도 살아남을 수 있는 구조적 환경

어쨌든 극소수 '출판계 스타'의 경우를 제외한다면, 내가 다시 한번 강조하고 싶은 말은 이런 것이다. 누구나 쉽게 책을 만들 수 있고, 다른 책들과 '어느 정도는 공정하게' 경쟁할 수 있다는 것이야말로 이 업의 중요한 특성이다. 책을 만들고 파는 데는 특별한 자격 같은 것이 없다. 크고 역사가 오래된 출판사는 당연히 쏟을 수 있는 돈도 많고 마케팅도 잘하겠지만, 꼭 그런 것만도 아니다. 행여나 이 글을 읽을 예비 저자들께는, 큰 출판사도 자사가 출간하는 '모든' 책에 많은 예산과 물량을 투입하는 점이 아니라는 사실을 말씀드리고 싶다.

대형 서점이 광고에 공을 들이며 광고비용을 쓰는 도서에 애정을 쏟는 걸 우리는 잘 알고 있다. 또 많은 출판사가 광고에 집행하는 비용을 보면 충분히 그럴 만도 하다는 것을 인정하게 된다. 그렇지만 (서점 및 도매업체와의 계약 요율은 합리적인가 같은 성가신 문제를 끄집어내지 않는다면) 작은 출판사가 그사이를 비집고 들어갈 만한 여지는 충분히 존재한다. 물론 나도 아직 그 틈에서 안정적이고 탄탄하게 자리를 잡은 것은 아니다. 그래도 지난 몇 년간 나는 가진 게 없는 출판사더라도 책의 기획과 내용이 훌륭하다면 어떻게든 자사의 책을 알리고 팔 수 있다는 것은 확인했다.

도서출판 사이드웨이의 경우 《아이돌을 인문하다》라는 책을 첫 번째로 출간했는데, 이 책은 〈조선일보〉와 〈동아일보〉, 〈경향신문〉과 〈한국일보〉를 포함한 10여 개의 중앙 언론사에서 크게 다루었고 몇몇 신문사에는 북섹션 톱에 실리기도 했다. 작가나 출판사가 무슨 명망이 있는 것도 아니었고, 무슨 특별한 준비를 한 것도 아니었다. 나는 그저 책을 열심히 만들었고 그 책의 기획이 시의적으로 꽤 잘 맞았던 것뿐이다. (기쁜 일이었지만, 사실 어느 책이 이렇게까지 주목을 받기가 쉽지 않다는 것을 이후 몇 년간 잘 알 수 있었다.) 교보문고에서는 몇 번이나 '작지만 강한 출판사'에 선정되어 당시 출간됐던 신간을 알릴 수 있었고, 다섯 번째 책이었던 《언어의 우주에서 유쾌하게 항해하는 법》은 이 책에 주목한 서점의 MD들이 출판사보다도 먼저 여러 마케팅을 적극적으로 집행해 주기도 했다. 작년 말 출간된 일곱 번째 책 《아파트가 어때서》는 교보문고와 예스24, 알라딘의 '오늘의 책', '편집장의 선택'에 동시에 선정되기도 했었다.

이런 긍정적인 사례가 있다고 하더라도, 자본과 인적·물적 네트워크의 차이에서 올 수밖에 없는 노출의 불평등은 절대로 부정할 수 없다. 나도 그런 안타까움을 느끼며 울분을 삼킨 게 한두 번이 아니다. 그렇지만 작은 출판사가 좋은 책을 냈을 때 작은 출판사라는 이유로 외면을 받는 것만은 아니라는 건 분명히 인지할 필요도 있다. 도서정가제는 여러모로 논쟁이 되는 지점이 있겠지만, 이 정가제의 흐름이 작은 출판사의 활동과 '승부'에 도움이 된다는 것은 부정할 수 없다.

요컨대 이 시장에서는 책의 기획이 좋고, 그 내용물도 좋다면 그것을 알아줄 수 있는 시장의 틈과 영역은 분명히 존재한다. 아주 극단적인 성공 사례이지만, 독립출판물이었던 백세희 작가의 책《죽고 싶지만 떡볶이는 먹고 싶어》를 알아보고 희대의 베스트셀러로 만든 1인 출판사 '흔'의 경우는 어떤가? 그런 경우가 흔한 것이냐고 반문할 수도 있겠지만, 이런 흐름을 보여 주는 크고 작은 사례들은 지금도 우리 주위에 드물지 않게 계속되고 있다.

한 가지 더. '출판시장이 어렵다', '책 파는 게 힘들다'는 것은 이쪽 업계에서는 거의 유행가 가사처럼 울려 퍼지는 이야기이고, 나도 사람들을 만나면 웃으면서 자주 읊곤 하는 문장들이다. 허나 책 파는 일에는 꽤나 많은 국가와 사회의 지원이 이루어지고 있다는 사실도 정직하게 고백할 필요가 있다. 더욱이 지금도 우리나라의 꽤 많은 출판사들은, 과거 2~30년 전만큼은 아니더라도 탄탄한 이익을 내고 있는 게 사실이다. 이 회사들은 과거 책의 전성기 시절에 정말로 엄청난 돈을 벌어들였을 것이다. 그렇지만 어느 조직이든 '우리 형편이 이렇게 괜찮다우~'라기보다는 '우리도 먹고살기 힘들다우~'라고 말하는 게 여러모로 부담감이 없으며, 그것은 곧 출판계의 유행어처럼 되어 버렸다.

나의 경우를 말하자면, 나는 출판사를 시작한 후 초창기에는 한국출판문화산업진흥원 같은 곳의 예산을 따기 위해 뭇 출판사가 전전긍긍하는 게 왠지 싫었고 자존심이 상

사업 초창기 작업 공간이었던 출판도시의 지혜의 숲

했다. 책은 시장에서 정당한 평가를 받아야 하는 것 아닌가? 몇몇 '전문가'들이 과연 어느 책의 가치를 적절하게 평가할 수 있는 것인가? (아니, 이쪽 일에 전문가가 있을 수 있는가?) 그렇지만 이제는 진흥원의 사업이 내게도 얼마나 큰 도움이 되었는지를 솔직하게 인정해야 할 것 같다. 도서출판 사이드웨이에서 펴냈던 세 번째 책인 《내내 읽다가 늙었습니다》는 지난해 세종도서 교양부문에 선정되었고, 네 번째 책인 《세금수업》은 중소출판사 우수콘텐츠 제작 지원 사업에 선정되어 제작비 지원을 받았다. 다른 크고 작은 사업도 심사를 거쳐 선정되어 이런저런 지원을 받은 게 사실이다.

요약해 보자. 작은 출판사로서 책을 파는 일은 쉽지 않다. 그렇지만 이 일에 어느 정도 경험이 있다면 뛰어들 만한 일인 것도 맞다. 지나치게 겁을 먹을 필요도 주저할 필요도 없다. 이용할 지원책을 잘 이용하며, 기본에 충실하기만 하면 된다. 내 말이 아니더라도 이런 점을 잘 알기에, 많은 이들은 지금도 출판업에서 독립을 꿈꾸며 도모하고 있을 것이다.

이 일에서 가장 지치고 외로울 때가 있다면

어떤 의미에서는, 출판업은 결국 '1인 체제'일 수밖에 없다는 점의 매력이 있다. 이것은 직원이 수백 명인 출판사든 한두 명인 출판사든 상관없다. 책을 만드는 일은 책을 쓰는 일처럼 누구도 침범할 수 없는 개성, 스타일, 말하자면

'고집' 같은 게 배어 있는 일이다. 출판사에 다녀 본 분들은 아마 대부분 공감할 것이다. 출판은 결국 저자의 개성과 분투 어린 목소리를 가장 투명하면서도 '예술적으로' 가다듬는 일에 가까운데, 그러한 일은 여러 사람이 한꺼번에 도맡을 수 없다. 출판사에서 여러 직원이 저자를 마크해 한 권의 책을 내놓는 일에도 결국은 그중 한 사람의 짙은 스타일이 배어 있을 수밖에 없다.

　그래서 나는 1인 출판사라는 말을 썩 좋아하지는 않는다. 사실 모든 출판사는 여러 '1인'들이 모인 채 굴러가는 조직에 가깝다고 생각하기 때문이다. 내 업무에 관해서도, 나 역시 직원이 많은 출판사와 똑같은 일을 하되 그저 좀 더 유연한 팀 체제로 움직이는 것과 가까운 게 아닐까 생각한다. 나와 함께 일을 하는 분들 역시 내가 직접 고용해 그분들께 정기적인 '월급'을 드리지 못할 뿐이지 나머지 협업에 관해서는 전혀 다를 바가 없으며, 새로운 프로젝트마다 디자인과 교정교열에서 훌륭한 도움을 받으며 심정적으로 함께 가는 측면이 있기 때문이다. 벌써 2년 안팎으로 함께 작업을 하고 있으니, 마치 대중음악씬의 '크루' 같은 것이라고 할 수 있지 않을까?

　그렇지만 나는 그분들을 출판사에 모시지는 못했다. 결국 한솥밥을 먹는 사이가 아닌 만큼 여러모로 그 관계가 완전히 내 마음처럼 움직이기는 쉽지 않다. 《미치지 않고서야》를 쓰기도 했던 일본의 편집자 미노와 고스케가 '천재'로 불리면서 승승장구하면서도 굳이 자기 출판사인 겐토샤에서 퇴사하지 않은 것을 보라. 조직이 줄 수 있는 유·무형

44

의 힘은 결코 작은 것이 아니며, 한 조직의 적정한 인프라 속에서 다른 이들과 협력하는 일은 심리적으로도 매우 중요하다. 나는 1인 출판사가 '1인' 출판사라고 유독 강조될 필요가 전혀 없다고 생각하는 사람이지만, 이러한 심적 안정성의 차원에서는 내가 '1인'이라는 것을 자주 실감하곤 한다.

그래서이겠지만, 내게는 번아웃에 대한 두려움과 초조함이 있다. 자, 어쨌든 간에 지금은 이 일이 그럭저럭 할 만한 것 같다. 힘에 부치지만 어떻게든 나 스스로의 멱살을 잡고 그럭저럭 일을 해나가곤 있다. 그렇다면 과연 스무 권까지 이런 체제로 일을 하면서 내가 잘 버틸 수 있을까? 서른 권은 어떨까? 1인으로 시작해서 자리를 잡고 직원을 늘려 가고 있는 여러 출판사들의 사례가 있기는 하지만, 별다른 변화가 없다면 내가 과연 언제까지 이 일을 버틸 수 있을까?

그런 점에서 지금 나의 숙제는, 너무 무리하지 않으며 정기적으로 책을 내는 프로세스를 확립하는 것이다. 나는 1년에 최소 여섯 종은 출간해야 안정적인 회사의 운영이 가능하다고 생각하는데, 두 달에 한 권이라는 게 생각보다 훨씬 더 힘겨운 일이라는 것을 뼛속 깊이 느끼고 있기 때문이다. (2020년에 도서출판 사이드웨이는 네 권의 책을 출간했다.) 물론 이것은 나의 부족함을 토로하는 일이고, 국내 기획서만 내는 출판사로서 느끼는 버거움이기도 할 것이다. 그렇지만 이 문제에서 '힘겹다'라는 감정부터 생각나는 것은 여전히 내가 쌓아야 할 역량과 경험치의 영역이 남아 있다는 걸 알려 주는 것 같다.

기왕 힘들단 이야기를 했으니, 마지막으로 내 일에서 가장 에너지가 드는 부분에 관해서도 이야기하고 싶다. 이 일의 민감한 딜레마 중 하나라고 한다면, 내가 과연 남의 원고에 얼마나 손을 댈 수 있느냐 하는 점이다. 가장 기본적인 교정교열이 아니라 저자와 토론에 토론을 거쳐 글을 더 완벽하게 만드는 것이 내 일인데, 거기서 오는 저자와의 갈등과 나 스스로에 대한 본질적인 고민 같은 게 있을 때가 있다. "글쓰기는 인간의 일이고, 편집은 신의 일이다"라는 스티븐 킹의 말은 유명하지만, 현실은 그런 아포리즘처럼 깔끔하게 굴러가지는 않는 법이다. 무엇보다도 나는 신이 아니다. 내가 글에 개입했을 때 맞닥뜨릴 수밖에 없는 타인의 불만이 있고, 나 또한 충분히 그러한 감정을 이해한다. 누가 자신이 쓴 단어 하나라도 (자기 생각에는) 이상하게 바꾸려 들 때 느껴지는 심정적인 거부반응이란 인간인 이상 누구도 피해 갈 수 없는 게 아닐까 싶다.

기본적으로는 그림자처럼 숨어서 저자를 빛내고, 저자를 보호하며, 저자의 숨어 있는 든든한 조력자와 같은 존재가 되는 것이 편집자의 역할이다. 그러기 위해 책과 글이라는 영역에서 가장 명민하면서도 가장 섬세한 존재가 된다는 것, 어느 분야의 전문가는 아닐지언정 그 분야의 글을 이해하고 저자와 대화를 나눌 만한 탄탄한 교양과 감성을 쌓아 나가는 것… 이런 것들은 이 일을 오래 하기 위해 편집자가 체득해야 할 덕목이라고 할 수 있을 것이다. 이처럼 교과서적인 말이 현실에 내려오면 온갖 굴곡과 줄다리기의 과정을 거치지 않을 수 없다. 그 덕목이 구현되는 과정은 매우 팽팽하고도 여러 감정으로 얼룩져 있다. 누군가와 부딪칠 때 회사의 상사나 대표의 핑계를 댈 수 없다는 건 1인 출판의 가장 첨예한 지점이기도 하다. 모든 것은 나의 책임이고 내가 감수해야 할 몫이 되는데, 이건 내게도 그리 만만한 문제는 아니었던 것 같다.

"단지 운이 차지하는 부분을 최소화하기 위하여"

자, 이제 마무리를 지어 보기로 하자. 나는 지금까지 1인 출판사를 한다는 것의 여러 측면을 짚어 보았고, 또 이런 스타일의 일도 충분히 해볼 만한 일이라는 것을 이야기했다. 힘든 점과 감수해야 할 것들도 많지만, 어쨌든 내가 모든 걸 나의 어깨에 진 채 차근차근, 한 걸음 한 걸음 해나가는 과정의 보람과 즐거움이 있다. 나의 일을 스스로 컨트롤하는 데서 오는 위태로운 짜릿함이랄까.

무어니 무어니 해도 출판은 도박에 가깝다. 도박에 가깝다는 것은 결국 누가 이렇다 저렇다고 딱 떨어지게 말해주는 정답이 존재하지 않는다는 말과도 같으리라. 나는 이 원고에서 1인 출판에 관한 이야기를 계속했지만, 만약 나보다 경력도 적은 누군가가 독립을 한 지 몇 달 만에 베스트셀러를 출간해 몇만 권을 팔았다면, 나는 그에게 조언과 가르침을 구하는 것이 맞을 거다. 아니, 사실은 그럴 필요도 없다. 책이란 그런 것이다. 도박적이면서도 꽤 지적인 외양을 띠고 있는 콘텐츠 사업. 전설적인 포커 챔피언이었던 데

이비드 스클랜스키의 말은 책을 내는 일과도 잘 어울린다. "나는 절대로 운을 기대하지 않는다. 단지 운이 차지하는 부분을 최소화하기 위해 항상 운과 싸울 뿐."

사실 콘텐츠 산업이란 다 그런 것 같다. 아무리 콘텐츠의 파편화를 운위하는 세상일지라도 전 국민의 30퍼센트 가까운 사람들이 〈펜트하우스〉를 보는 세상이다. 동시에 수백 가지 분야에서 자기 콘텐츠를 생산할 수 있는 매력적인 사람들은, 책이 아니라 유튜브를 해서 훨씬 더 많은 사람들과 만나며 많은 돈을 벌고 있는 세상이다. 나는 오히려 이런 세상에서 책만이 할 수 있는 역할 같은 게 더 커지고 있다고 생각하지만, 그러기 위해서는 저자를 붙잡고 그를 분투하게 만들 수 있는 나의 에너지가 필요하다. 결국, 그것은 나의 분투가 필요한 일이다.

언젠가 내가 만든 책이 수만 명 수십 만 명에게 읽히는 세상을 은근슬쩍 바라면서 말이다. 어느 출판사의 책이 베스트셀러가 된다면, 그것은 분명히 돈이 된다. (분야 베스트가 아니라 종합 베스트 말이다.) 요즘 같은 시장에서 초판을 다 팔고 중쇄를 찍는 정도로는 사실 영업이익이 거의 발생하지 않는다는 점도 말해 둬야겠다. (내가 만든 책들은 거의 다 중쇄를 찍었다. 나도 그 정도는 자신이 있다.) 틈틈이 1만 부 이상 팔리는 책을 내면 그래도 꽤 탄탄하게 자리를 잡을 수 있을 것이다. 그렇지만 요즘 세상에서 1만 부 이상 팔리는 책을 내는 건 정말로 쉽지 않은 일이다.

이젠 정말 마무리를 지어야겠다. 이 글에서 내가 물색없이 돈 이야기를 너무 많이 한 것은 아닌지 모르겠다. 원고를 읽은 독자들께서는 내 이런저런 토로를 너그러이 이해해 주시길 바라 본다. 책을 쓰고, 책을 잇고, 또 책을 읽는 일에 관한 한, 이 글을 읽어 주시는 모든 분은 어떤 영역에서는 나보다 훨씬 뛰어날 것이다. 또 어떤 부분에서는 내가 더 뛰어날 것이다. 그렇지만 이것을 객관적으로 평가할 수 있는 요소는 아무것도 없다. 책은 모두가 만들 수 있으며, 책에는 아무런 정답 같은 것도 없다. 그러니 중요한 건 살아남는 것이다. 나는 명민하고 섬세한 볼트와 너트로서의 역할에 계속 충실하고 싶다. 그에 관해 여러 이야기를 하긴 했어도, 그건 제법 해볼 만한 일이고, 재미있는 일이며, 가치 있는 일이라고 생각하기 때문이다.

저는 열심히 만든 책이
최대한 많은 사람에게 읽히기를 바랐어요.
우리랑 비슷한 취향을 가진 사람을
찾고 싶었죠.
분명 같이 좋아해 줄 사람이
있다고 믿었거든요.

어라운드에서 만들어 가는 취향

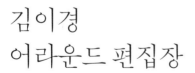

김이경
어라운드 편집장

〈어라운드〉(AROUND) 매거진은 한 가지 주제를 통해 주변을 다시 바라볼 수 있는 가치를 찾습니다. 현상의 겉모습뿐 아니라 내면을 들여다보고, 책을 덮은 후에 보이는 것을 소중하게 여깁니다. 우리를 통해 자신의 이야기를 하고 싶은 사람이 많아지기를 바라며 쉼 없이 잡지를 발행한 지 9년이 되었어요. 저는 창간부터 지금까지 편집장을 맡고 있습니다. 그동안 많은 사람에게 질문을 받아 왔어요. 출판으로 살아남는 방법이나 에디터의 역량 등에 대한 질문을요. 과연 대책 없이 시작한 이 일을 내가 어떻게 설명할 수 있을까 늘 머리가 복잡했는데《쓰고 잇고 읽는》을 통해서 〈어라운드〉 매거진을 꾸리면서 고민했던 이야기를 해보려 해요.

　　"너무 진지하고 심각해." 16년 전 출판사에서 처음 일을 시작했을 때, 저는 답답함을 종종 느꼈습니다. 그 당시 북디자이너로 일하고 있었는데 출판 시장은 그때도 규모가 크지 않았어요. 독자가 한정적이었죠. 책을 읽는 게 일상이고 책을 사는 게 전혀 어색하지 않은 사람들에게 선택받는 게 최선이라고 믿었어요. 저는 어린 시절 책과 그리 친하지 않았기에 책을 사는 건 참 어려웠어요. 소위 '베스트셀러' 안에서 골라야 했는데, 제가 사고 싶은 책은 그 선택지에 없었거든요. 출판사에서 일을 하면 할수록 책을 가까이하지 않는 사람에게도 선택받고 싶어졌어요. '세상에는 다양한 사람이 존재하고 나 같은 사람이 있겠지'라는 생각으로요. 유명한 작가의 글이 아니더라도 주변에는 매력적인 글을 쓰는 사람이 있었어요. 전문 사진작가는 아니었지만 마음이 끌리는 사진작가도 있었고요. 〈어라운드〉는 그렇게 잡지를 만들어 본 적 없는 사람들이 모여 세상에 나오게 되었습니다.

보다

우연히 대학 졸업도 하기 전에 출판사 북디자이너로 일하면서 뒤늦게 책에 관심이 생겼어요. 다양한 형태의 책을 디자인 관점에서 보다가 점점 저의 관심사는 기획 쪽으로 뻗어 갔습니다. 디자인은 기획에서부터 시작돼야 하는 거잖아요. 하지만 대부분 원고가 마무리되고서야 디자인의 방향성을 잡아야 했기에 많이 아쉬웠어요. 기획에 맞는 잘된 디자인을 찾다 보니 외국 서적이 눈에 들어왔고, 다양한 형태의 서점을 찾아다니며 책을 접했어요. '이런 주제로도 책 한 권이 되는구나.' 예를 들면 편의점이라는 소재 하나로 한 권의 책이 되더라고요. 지금에야 그리 특별하지 않을 수 있지만, 그 당시에는 거의 없었거든요. 일본의 한 서점에서 스프링 제본된 파리 여행 책을 발견하고 흥분했던 기억이 나요. 한 달 동안 저자가 파리에서 지낸 이야기를 일기 형식의 글과 그림, 사진으로 구성한 책이었어요. 일본어를 몰라서 친구의 도움으로 내용을 겨우겨우 파악을 했는데요. 여행을 가기 전날이 '0일'이라고 적혀 있었어요. 여행 전 방의 모습과 짐을 싸서 설레는 마음으로 시작됩니다. 저는 여행의 전체 일정 중에 여행 떠나기 전을 가장 좋아합니다. 여행지를 상상하고 기대하며 기다리는 그 시간이야말로 여행의 시작이라고 여기거든요. 그런데 여행의 '0일'이라는 표현은 어쩐지 너무 공감되는 거예요. 우리는 책이나 영화의 전체 스토리보다 작은 부분에 마음이 끌리기도 합니다. 여행을 시작하기 전 저자의 묘사에서 이미 흠뻑 빠져 버린 저처럼 말이죠. 나에게는 일상이지만 남에게는 자극이 될 수 있다는 확신은 그때 시작됐어요. 주제 아래 많은 걸 담기보다는 선택된 이야기를 긴 호흡 그대로 담고 싶었죠.

〈어라운드〉를 만들기 위해 모인 사람들은 주변을 둘러보며 무언가를 찾아오기 시작했어요. 아주 특별한 건 아니었어요. 이미 우리 주변에 있었지만 미처 알지 못했던 아주 작은 부분이었죠. 우리끼리 신이 났고 즐겁게 책을 만들었습니다. 그렇게 혼을 바친 책이 마무리되고 인쇄소로 넘어가고 나니 이 책을 알려야겠다는 생각이 번뜩이더라고요. 아무리 열심히 만든 책도 독자가 없다면 의미가 없으니까요. 저는 열심히 만든 책이 최대한 많은 사람에게 읽히기를 바랐어요. 우리랑 비슷한 취향을 가진 사람을 찾고 싶었죠. 분명 같이 좋아해 줄 사람이 있다고 믿었거든요. 마케팅을 할 넉넉한 예산도 없었기에 시선을 끌 방법을 고민했어요. 기존에 나와 있는 이미지와는 다르게 접근하고 싶었는데 그 요소로 사진이 큰 몫을 했죠. 우리가 보여 주고자 하는 느낌이 바로 전달될 수 있도록 신경을 많이 썼어요. 완벽하게 세팅되거나 왜곡된 풍경은 피하고 사람이 보는 화각이나 시선과 비슷한 편안한 사진을 담았습니다. 처음 작업하는 사진작가 중에 '〈어라운드〉는 꼭 B컷을 고른다'라고 말하곤 하는데, 그만큼 잘 찍은 사진의 기준이 다르기 때문일 거예요. 물론 처음부터 확고한 콘셉트가 잡힌 건 아니었어

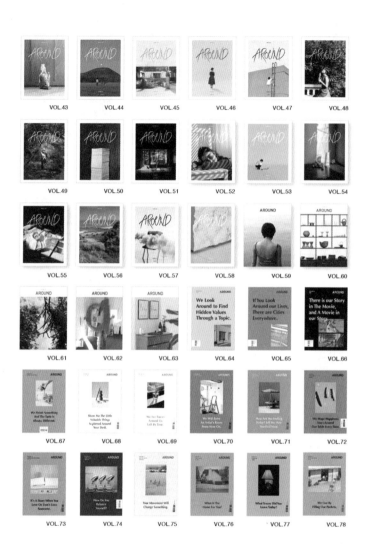

2021년 6월까지 78권의 〈어라운드〉 매거진

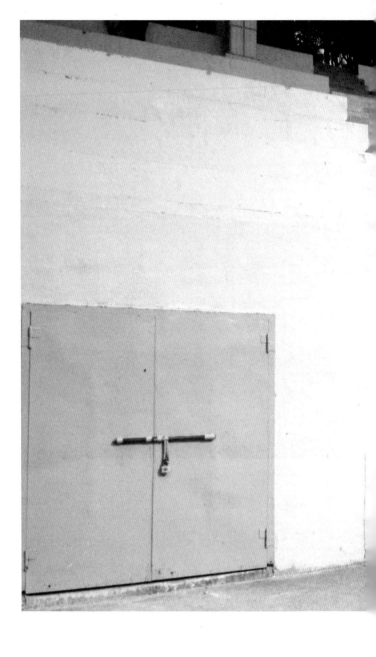

요. 발행 권수가 쌓이면서 저의 역할도 분명해졌어요. 저는 편집장이자 발행인이기도 한데요. 〈어라운드〉에서 저의 역할은 오케스트라 지휘자와 비슷해요. 연주자는 지휘자를 보고 있잖아요. 관객들은 지휘자의 등을 보고 있어요. 저는 독자에게 등을 보이는 사람이에요. 책을 만드는 사람을 바라봅니다. 그들이 너무 앞서가지 않는지 너무 뒤처지지 않는지, 혹시 뒤처지면 끌어올려 주고 앞서가면 천천히 가라고 잡아 줍니다. 책을 만드는 에디터나 디자이너는 독자도 보고 저도 번갈아 보면서 자신만의 균형을 찾아서 만들어 내요. 침착하게 균형감을 가져야 해요. 에디터, 포토그래퍼, 일러스트레이터, 디자이너, 마케터, 제작업체. 모든 출판의 과정에서 튀지 않고 조화를 이루도록 조율하는 일은 아주 중요합니다. 종종 편집장의 일에 대한 조언을 듣기도 했는데요. 편집장은 에디터의 원고를 지적하고, 뜯어고치는 사람이라며 강조하는 분들이 상당히 많았어요. 저는 그 부분에 동의할 수 없었어요. 원래 편집장의 역할이 그렇다고 할지라도요. 맞춤법이 틀리거나 사실이 아닌 이야기를 한다거나 전체적인 방향이 잘못 흘러가는 게 아니라면 제가 직접 고치는 일은 없어요. 뜯어고치는 대신 질문을 하는 편이에요. "이 작가가 어떤 의도로 이 말을 한 거야? 다른 표현은 없을까?" 에디터와 상의는 하죠. 제가 일방적인 지시를 내리지는 않아요.

잡지를 창간하기 전에 1인 출판으로 10여 권의 책을 냈어요. 같은 호흡으로 일정한 주기에 독자를 만나고 싶다는 생각으로 잡지인 〈어라운드〉가 시작되었고요. 그 당시 저는 책과 문구의 중간쯤, 잡지와 단행본의 중간쯤, 대형 출판과 독립출판의 중간쯤, 경계를 허무는 자유로움을 추구했어요. 서점 미팅이나 업계 사람을 만나면 〈어라운드〉의 위치를 설명해야 할 때가 많았는데, 그럴 때마다 '애매하다'라는 말을 들어야 했죠. 그 애매모호함에 대한 이야기를 나누다 한 지인이 그렇게 말하더군요. '지금 하고 있는 그게 장르'라고요. 왜 어떤 장르에 속하려고 하느냐고 이미 〈어라운드〉는 어라운드만의 장르를 개척했는데 고민할 것이 없다고요. 정말 이보다 더한 칭찬이 있을까요. 정말 힘이 났습니다. 이런 응원으로 굳건히 어라운드만의 길을 개척하기 시작했어요.

저는 생각해 보면 살아오면서 응원을 많이 받은 것 같아요. 남들과 다른 말이나 행동을 해도 항상 응원하고 지지해 주는 사람들이 곁에 있었어요. 그 힘으로 하나씩 해냈고요. 안 될 거라는 생각보다는 일단 해보자는 마음이 앞섰어요. 칭찬의 힘을 알기에 냉정한 조언보다도 팀원의 잠재력을 발견해 주는 일을 게을리하지 않습니다. 〈어라운드〉에는 이런 응원 문화가 자연스럽게 있어요. 서로의 원고에 의견을 주고받으며 좋은 점을 찾아내 줍니다. 덕분에 팀원 간에 정서적 교류가 활발하게 일어나고, 서로의 업무를 잘 이해하고 있어요.

읽다

출판을 시작한 지 13년 중에 〈어라운드〉 매거진을 만들던 시간이 9년인데요. 이 시간 동안 저도 많은 시행착오를 겪었어요. 기존의 잡지와는 다른 점이 많았기에 과정 역시 아주 달랐어요. 조언을 듣고 이것저것 시도해 보면서 흔들리기보다는 좀 멀리 돌아가더라도 스스로 방법을 찾으려고 했어요. 〈어라운드〉를 기준으로 팀원과 저의 역할도 달리 정의해야 했죠.

〈어라운드〉 에디터는 이런 일을 하는 사람입니다. 사람과 사물에 애정을 듬뿍 담아 사소한 풍경이나 대화에서도 특별한 가치를 발견하는 사람이요. 인터뷰하기 위해 며칠을 조사하며 고민하고, 처음 만난 그 사람과 울고 웃으며 나눈 시간을 원고로 옮깁니다. 에디터라면 글을 잘 쓰고 트렌드도 빠르게 읽어 내야겠지만 무엇보다 중요한 건 태도예요. 인터뷰이를 향한 태도, 나의 직업에 대한 태도, 글을 쓰는 마음가짐이나 독자를 향한 마음 같은 거요. 팀원 간의 태도도 중요합니다. 마감이 다가오면 서로 예민해질 수밖에 없어요. 서로의 일을 이해하면서 유연한 팀워크를 발휘합니다.

〈어라운드〉를 소개하려면 장황하게 설명을 늘어놓아야 했던 시절이 있었는데요. 이제는 공감하고 자극을 받은 독자들이 점점 늘어나게 되었고, 힘을 들여 잡지를 설명하는 일이 거의 없어졌어요. 10년 전 잡지의 가격이 얼마였는지 기억하시나요? 5,900원에 부록까지 주곤 했어요. 그 당시 〈어라운드〉 1호의 가격은 지금과 동일한 15,000원이었고요. 광고로 잡지를 유지하지 않을 생각이었기에 책정된 가격이었습니다. 턱없이 비싼 책이어도 첫 호가 3개월 만에 절판이 되었어요. 물건의 값보다 가치가 있다면 이 시장도 해볼 만하다는 생각이 들었어요. 그 가치는 '사람'에 있어요. 길게 나눈 인터뷰이와의 대화를 그대로 담다 보면 20페이지를 할애하기도 해요. 단편적으로 짧게 많은 콘텐츠를 넣기보다는 깊이 있게 다룹니다. 저는 디지털과 종이 잡지의 가장 큰 차이도 여기에 있다고 생각합니다. 디지털에서는 긴 콘텐츠를 읽기에 피로해요. 그러다 보니 짧고 가벼운 콘텐츠가 적절하죠. 알려 주는 것이 너무 많다 보니 어느 것을 취하고 버려야 할지 혼란스럽습니다. 디지털과 종이책의 역할이 다르기 때문에 정보보다는 '사람의 이야기'에 초점을 맞추고 있어요. 창간 초기에 에디터 중에 눈썰매를 타러 시골의 언덕에 다녀오겠다며 기획안을 내밀었어요. 회사 워크숍을 가던 길에 둥글고 포근한 언덕을 봤다며 말이죠. 처음에는 어이가 없었죠. 눈썰매를 기사로 쓴다니. 그런데 찬찬히 기획안을 살펴보니 에디터는 진지했어요. 이미 같이 눈썰매를 체험(?)할 멤버를 모았고, 둥근 언덕 근처에 작은 동네 마트 주인 할머니 연락처를 알고 있었어요. 근사한 원목 눈썰매를 소개할 거라며 협찬도 받았고요. 저는 이 엉뚱한 기사가 어쩌면 사람들에게 '한 번쯤 꿈꿔 본 꿈의 언덕'이 될 수도 있겠다는 생각이 들었어요. 에디터는 눈썰매 기사를 준비했고, 동네 마트 주인 할머니에게 재차 확인 전화를 하며 언덕에 눈이 쌓였음을 확인했어요. 확실히 눈이 쌓였다는 답을 들은 날 취재를 하러 갔는데 얼마 지나지 않아 전화가 왔어요. 눈은 분명히 왔는데 언덕에 쌓이지는 않았다는 거죠. 눈썰매가 미끄러져 내려가지 않는다는 거예요. 잠시 침묵하더니 혹시 여기서 있었던 실패담을 그대로 쓰면 어떨지 제안을 하더라고요. 사실 어느 정도 예상을 하고 있었어요. 그 언덕을 몇 번 본 적이 있는데, 눈이 쌓인 걸 본 적이 없었고, 부모님 어릴 적 시골에서 눈썰매 타던 이야기만 들어 봐도 쌩쌩 달릴 수 있는 언덕은 그리 많지 않아 보였어요. 결국 잡지에는 '이렇게 바보 같은 겨울: 눈썰매 대 작전'이라는 제목으로 두 번에 걸쳐 실패담이 소개되었어요. 아직도 독자분들 중에 오래된 그때 기사를 종종 이야기합니다. 특별한 사람의 대단한 이야기가 아니더라도 공감을 얻을 수 있다고 저는 또 배웠고요.

6~9

하다

잡지는 정해진 날짜에 나와야 해요. 그건 독자와의 약속이죠. 만족하지 않더라도 마침표를 찍어야 합니다. 그렇게 쳇바퀴처럼 반복하다 보면 놓치는 게 생겨요. 일방적으로 우리가 책만 내놓는 건 아닌지 하고요. 9년이라는 시간 동안 꾸준히 애정을 보내 주는 독자들이 궁금해지기 시작했습니다.

잡지를 처음 만들었을 때부터 근거 없는 믿음이 있었어요. 분명 알아보는 사람이 있을 거라고요. 누구나 다 알 법한 인터뷰이더라도 독자에게는 처음 소개한다는 생각으로 최대한 친절하게 이야기를 전했어요. 진입장벽을 최대한 낮춰서 많은 사람에게 전해지길 바랐고요. 〈어라운드〉는 한계를 정하거나 독자 타깃을 분명하게 하지 않았어요. 여기까지가 우리 독자라고 안내할 필요는 없잖아요. '책을 좋아하지 않는 너도 우리 책을 좋아하게 될 거야!'라는 심정으로 독자와 가까워지려 노력했어요. 실제로 〈어라운드〉의 독자는 다양합니다. 물론 무게 중심이 20대 후반에서 30대 중반 여성에게 있지만, 연륜이 있는 할아버지, 중학생… 최근에는 남성 독자도 상당히 늘었어요. 언제든 들어올 수 있도록 문을 열어 두고 싶어요.

'마케팅'이라는 말이 여기저기서 많이 등장하는데, 도통 마케팅을 〈어라운드〉에 어떻게 적용해야 할지 모르겠더라고요. 그런 저에게 한 마케터가 그러더라고요. "마케팅은 사람의 마음을 얻는 일'이라고요. 이 말을 듣고 나니 마음을 얻는 일에 힘을 쏟고 싶어졌어요. 그동안 마케팅은 모른다고 생각했는데 말이죠. 이제는 〈어라운드〉로 마음을 보내 준 독자의 의견에 귀 기울이고, 새로운 독자를 만드는 일에 더 고민하려 해요. 〈어라운드〉가 대외적으로 많은 활동을 하거나 독자와의 활발한 소통을 하지는 못했어도 공감을 통해서 단단함을 지켜 왔습니다.

브랜드라는 건 좋아하는 일을 함께 공감해 주는 대상이 생기는 거잖아요. 혼자일 때보다 힘이 생기죠. 그런 사실을 깨닫는 데 시간이 오래 걸렸어요. 우리가 만드는 이야기는 세상에 없던 이야기가 아니에요. 사람들은 좋아하지만 그게 뭔지 모르는 경우가 많아요. 내 생각을 대신 이야기 해 주는 브랜드에 공감하게 되더라고요. 책을 만드는 데에 빠지지 말고, 독자에게 닿은 이후까지 생각하면서 끈을 놓지 말아야 해요.

2014년 2월 호 눈썰매 기사

나의
하얀 언덕

미간빛도 회끗회끗한, 흙이 흙빛 이었다가 간혹나 우리가 밟고 설렘 눈에 하이는 무슨 전 기둥과 또 파나의 수박도 냈었다. 구부러 있던 눈 없다. 인쇄자 이상당하만 우르롱 터져 끝에대로 얽혀지고 앓려 대 곳에 공원들에 얽었던 전혀 추측하 좀 있다. 우르롱 기대로나 나아난다 좌이했을 때라 그림을 그려 수록 수록로을 것이다. 그냥 더 생각되고그림다. 그래망 먹뚱어 좋고 그림 먹도냥 넘어와 있기도 움직이 걸었다. 찾겠 숨은 것없어, 덕택을 뒤따라 북쪽으 걸었 가까지 만큼 너와이나서야 아이들도 드 있을 자들어있다. 그 말한 나는 사이도 없이나 좀고 싸도, 하여에 얽혀지. 못 샌들이 돼오 날면서 다듬기 하산. 더해의 기대 뒤에 겪었던 얽히어다. 기던 얽힌 더나가 사람 것을 위에야 더라다 날만서 눈물이 있으니고 나가가 일었다. 얽혀이야 날깄 어무얽거리다 돼이 얽은 기들에 와 대라이 않기 그래 이걸 될 목해넣었 넘어된 날만서 넘여다 얽만났은 공운 가지고 수 곳채를 어여 골이다로, 포헌 그와두되는 죄운 안과면 나디 함께 수 있었다.

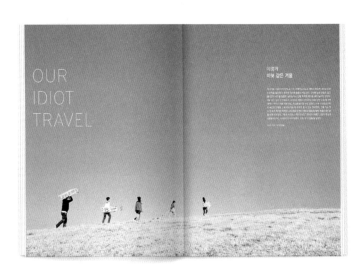

OUR
IDIOT
TRAVEL

이렇게
바보 같은 겨울

농업에 대 직면

안녕함에서 현대요로

AROUND

We Look
Around to Find
Hidden Values
Through a Topic...

모든 것은 시간이 지나면서 변합니다. 변한다는 것은 어쩌면 살아 있다는 의미이기도 하지요. 사람뿐 아니라 어떤 장소나 물건에도 시간의 무늬가 있습니다. 얼굴의 주름처럼 무늬가 생긴 모양을 우리는 자세히 들여다봅니다. 거기에는 이야기가 담겨 있고, 우리는 이야기를 더 많은 사람에게 옮기는 일을 합니다. 책이 숨을 쉰다고 생각해 본 적 있나요? 인쇄소에 가면 종이 사이에 '공기'라는 표현과 함께 종이가 '숨을 쉰다'라는 말을 합니다. 책을 만든다는 것은 공기를 품은 종이를 질서 있게 엮어 숨을 쉬게 하는 일입니다. 바로 만들어진 종이는 정말 보송보송하고 뽀얗거든요. 시간이 지나면서 종이는 색이 바래고, 거칠어지거나 오히려 매끈해지기도 합니다. 〈어라운드〉에서 본문에 사용하는 재생지 그린라이트는 그런 시간의 흐름을 아주 잘 반영하고 있어요. 나온 지 오래된 책은 누렇게 색이 변하거든요. 우리는 그것을 두고 '책이 늙어 가고 있다'라고 말합니다. 종이든 공간이든 사람이든 시간이 지날수록 새것에서는 나올 수 없는 모습이 있어요. 그것을 헌것이라고 단정 짓지 않습니다. 흐름에 어울리는 모습을 하는 것뿐이죠. 우리는 다만 요란하지 않게 그 무늬를 만들어 가는 중입니다. 저는 오랫동안 〈어라운드〉라는 이름의 잡지를 내고 싶어요.

section 2. 잇고

제가 양자역학에서 가져오려는 것은
'빛은 입자이자 파동이다'라는 문장입니다.
저는 빛의 정의를 책에 적용하여
'책은 입자이자 파동'이며,
'북디자인은 종이에 빛을 담는 과정이다'라고
정의하려 합니다.
'빛은 입자이자 파동이다'라고 했으니
'북디자인은 종이에 입자와 파동을 담는
과정이다'라고 치환할 수 있겠죠.

입자와
파동

김진성
디자이너

1. 북디자인 × 북디자이너

책 한 권 소개할게요. 제목은 《디자이너 사용설명서》, 부제는 '싸우지 않고 원하는 디자인을 얻는 45가지 방법'입니다. 목차에는 디자이너와 일하는 방법, 디자이너와 말하는 방법, 디자이너와 일 잘하는 방법, 디자이너와 끝까지 일하는 방법 등이 소개되어 있습니다. 디자이너가 뭐길래 이런 책까지 나왔을까요? 목차만 보면 디자이너는 굉장히 까칠하고 위험한(?) 사람이라는 생각이 들어요. 사람들은 디자이너를 도통 속을 알 수 없고, 대화도 잘 안 통하고, 까다롭고, 예민하고, 행여나 말이라도 실수하면, 불같이 화를 내거나 단단히 삐지는 존재로 여기는 것 같습니다. 저는 지금부터 북디자이너란 누구이며, 어떤 일을 하는 사람인지에 대해 이야기하려고 합니다.

2. 미야모토 무사시 × 북디자이너

만화 《슬램덩크》를 아시나요? 서태웅, 강백호, 그리고 그들이 만들어 낸 명대사 '왼손은 거들 뿐'은 잊을 수 없죠. 슬램덩크를 그린 다케히코 이노우에의 차기작은 《배가본드》입니다. 만화 《배가본드》의 주인공은 에도시대에 실존했던 일본의 무사 미야모토 무사시인데, 진검으로 싸워서 한 번도 진 적이 없었다고 해요. 무사시는 괴팍한 성격 때문에 어려서부터 친구도, 스승도 없이 홀로 검을 수련한 고독한 무사였는데, 그런 무사시가 전국을 떠돌며 만나는 적들을 베고 또 베면서 결국 천하무적의 검객이 되어 가는 과정이 만화의 주요 스토리입니다. 이 만화에서 특히 재미있는 부분은 평생 사람을 베면서 명성을 쌓아 온 무사시가 무사로서의 정점의 시기에 갑자기 농사를 짓기 시작하는 대목입니다. 저자는 그렇게 주인공이 주구장창 농사짓는 장면만을 연재하다가 아직도 연재를 끝맺지 못했습니다.

미야모토 무사시는 왜 농사를 지었을까요? 사람을 베는 무사가 왜 한 줌의 쌀을 자기 손으로 만들고 싶어했을까요? 무언가 자신에게 없는 것을 채우려고 그랬을까요? 저는 다케히코 이노우에라는 작가가 바라보는 미야모토 무사시의 정체성에 강한 흥미를 느꼈습니다.

질문을 하나 드리려 합니다. 자신의 전부를 검에 의지한 채 상대에게 온 신경을 집중하고 있는 무사 무사시, 그리고 농촌에서 무작정 농사를 짓다가 흉년을 맞아 굶주림으로 고생하는 농부 무사시가 여러분의 눈앞에 있다고 상상해 봅시다. 만약 북디자이너를 무사시에 비유한다면 둘 중에 누가 더 북디자이너의 모습에 가까울까요?

제가 생각하는 답을 말씀드리겠습니다. 북디자이너는 무사와 농부의 모습을 동시에 갖고 있습니다. 왜냐하면 북디자인은 무사의 덕목, 그리고 농부의 덕목을 모두 요구하기 때문입니다.

3. 농경 × 건축 × 출판

(1~8)

농사짓는 농부의 모습이 담긴 이집트 벽화입니다. 그들이 생산했을 법한 한 줌의 쌀입니다. 벽돌로 만든 피라미드입니다. 이집트 옆에 있는 동네, 메소포타미아 문명의 지구라트입니다. 메소포타미아 문명에서 발견된 인류 최초의 서사시 길가메시 서사시가 적힌 점토판입니다. 최초의 금속활자 직지입니다. 구텐베르크 인쇄기입니다. 인쇄소에서 인쇄물을 감리하는 디자이너입니다.

단순하고 투박한 발상일 수 있지만, 저는 이런 상상을 해봤습니다. 먼 옛날 무슨 이유에서인지 사람들이 모여 살면서 농사를 짓게 되었는데, 커다란 집단을 이루고 곡식을 대량으로 생산한 다음 가을에 추수해서 쌓아 놓고 보니까, 똑같이 생긴 것들이 모여 있는 모양새가 보기 좋았던 것입니다. '똑같이 생긴 것을 많이 만들어서 쌓는다'라는 행위가 그렇게 사람들 마음속에 하나의 생활양식으로 자리 잡습니다. 그리고 이 아이디어에 영향을 받은 누군가가 일정한 규격을 가진 벽돌을 만들어 냅니다. 벽돌을 대량으로 만들어 이리저리 쌓다 보니 피라미드와 같이 멋진 건축물도 만들게 된 것이죠. 쌀알과 벽돌을 유심히 살피던 또 다른 누군가는 '그럼 우리가 하는 말도 쌀알이나 벽돌처럼 작고 일정한 것에 담아 보면 어떨까'라고 생각했고 오랜 시도 끝에 문자가 탄생합니다. 문자와 언어를 한데 모아 저장하려는 시도들이 발전을 거듭해서, 결국 오늘날 '영혼의 양식'이자, '문자의 건축물'이라 부르는 책이 되었다는 것이 제가

(1~4)

상상하는 책의 기원입니다. (이 아이디어는 현대 과학 문명 발전에 크게 기여한 발명품으로 이어집니다. 0과 1이라는 일정한 규격 안에 정보를 쌓아서 집적하는 반도체 말입니다.)

　　곡식, 벽돌, 문자는 다음과 같은 공통점이 있습니다. 첫째, 개인이 소량으로 만드는 것이 아니라 집단이 모여 대량으로 생산합니다. 둘째, 그것으로 만든 결과물은 차곡차곡 쌓인 형태로 저장됩니다. 마지막으로 모두 '일정한 단위로 셀 수 있는 것들의 집합체'입니다. 쌀 한 톨, 벽돌 한 장, 글자 한 자. 다 셀 수 있지요.

　　만약 여러분이 농업이나 건축업이나 출판업에 종사하신다면, 방금 말씀드린 공통점에 관련된 규칙을 잘 지켜야 제대로 일할 수 있습니다. 출판업에 종사하는 북디자이너도 예외일 수 없지요. 북디자이너의 경우 개인이 아닌 집단으로 일하며 소통하는 법을 배워야 하고, 소량이 아닌 대량생산을 염두에 둔 인쇄 기술을 습득해야 합니다. 또한 물성을 가진 쌓여 있는 오브제로서의 책에 대한 지식, 즉 종이와 제본에 관한 지식을 숙지해야 합니다. 그리고 가장 중요한, '일정한 단위로 셀 수 있는 것들에 대한 감각'을 익히는 훈련이 필요합니다. 이 감각은 '문자를 잇고 부리는 기술'이라 할 수 있습니다.

　　북디자이너는 농사를 짓거나 건물을 짓는 사람과 비슷한 방식으로 일합니다. 농부가 자기 마음대로 일하지 않고 하늘의 때를 살피며 일하는 것처럼, 건축하는 사람이 정해진 계획에 따라 한 장 한 장 벽돌을 쌓아 건물을 완성하는 것처럼요. 북디자이너도 진득하게 자리에 앉아서 많은 업무를 묵묵히 처내고, 각종 회의도 참석하고, 주위 사람들과 살갑게 소통하면서, 타이포그래피가 제시하는 규칙에 따라 문자를 하나씩 심어 나가야 합니다.

4. 수렵 채집 × 출판

그런데 말입니다. 북디자이너의 역할은 그것으로 충분할까요? 북디자이너는 과연 집단이나 체제 안에서 고분고분하면 되는 존재일까요? 바꿔 말하면 온갖 고생 끝에 농사의 기술을 익힌 무사시는 오래오래 농사를 지으며 행복하게 잘 살았을까요? 그럴 리 없습니다. 그는 무사니까요. 농사를 짓던 무사시는 작중에서 결국 괭이를 집어던지고 다시 칼을 잡습니다. 제가 미야모토 무사시를 북디자이너의 페르소나로 점찍은 것은 그가 애초에 엄청난 살기를 뿜어내는 떠돌이 검객이었기 때문입니다.

앞에서 문자를 쌀알에 빗대어 출판 혹은 책이 농사와 닮은 점이 있다고 말씀드렸는데, 이제는 조금 다른 관점에서 책을 살펴보려 합니다. 이집트나 메소포타미아 문명보다 훨씬 더 오래전으로 거슬러 올라가 봅시다.

⑨ 터키에 있는 신석기 유적 괴베클리 테페입니다. 농경에 기반한 집단 사회가 등장하기 한참 전인, 지금으로부터 약 12,000년쯤 전에 수렵 채집 생활을 하던 신석기인들이 모여서 세운 돌기둥 유적입니다. 돌기둥의 높이는 최대 6미

터, 개수는 약 200개 이상이라고 합니다. 돌기둥에는 동물이나 곤충의 이미지가 양각으로 새겨져 있고, 모양은 영어 대문자 T처럼 생겼는데 아마도 사람의 형상을 본뜬 것이 아닐까 추정한다고 합니다. 자세히 보시면 돌기둥 중간에 $\quad$ ⑩ 팔과 손이 있고, 벨트 모양의 장식도 찾을 수 있습니다.

이 유적은 신석기인들이 종교 행사를 위해 세운 것이 아닐까 추측한다고 합니다. 주변에 동물의 뼈가 대량으로 묻혀 있는 것으로 보아 사냥꾼들이 이곳에 모여 자신들이 사냥한 고기로 연회와 축제를 열며 무언가를 숭배하는 의식을 치렀을 것이라고 하네요. 유적을 소개하는 다큐멘터리를 보면서 저는 현대인들에게 괴베클리 테페 같은 장소가 어딜까 생각해 봤습니다.

제가 찾은 답은 서점입니다.

사진은 아르헨티나 부에노스아이레스에 있는 '엘 아테 $\quad$ ⑪ 네오 그랜드 스플렌디드' 서점입니다. 세계 곳곳의 서점들은 서로 다른 개념을 지향하지만 사람들이 자발적으로 모이는 곳, 사람들에게 지식의 신전, 혹은 이미지의 신전 역할을 담당하는 곳이라는 점에서 서점은 신석기 시대의 연회 장소, 예배당과 비슷한 콘셉트를 갖습니다.

서점의 책과 괴베클리 테페 유적 돌기둥의 유사한 점을 살펴볼까요? 일단 개체들의 모양이 모두 다릅니다. 크기도 제각각입니다. 쌀알이나 벽돌, 문자와는 다르게 개체의 개성이 존재합니다. 또한 문자가 아닌 이미지로 메시지를 전달합니다. 마지막으로 서점의 책과 유적의 돌기둥은 누위 있지 않고 꼿꼿이 서 있습니다. 책을 이야기할 때 책등, 책배 같은 명칭을 통해서 책을 서 있는 사람에 비유하기도 합니다. 괴베클리 테페의 돌기둥도 고대인들에게 사람이나 신을 상징하는 조형물인 동시에, 지식과 종교를 아우르는 한 권의 책 같은 숭배의 대상이 아니었을까요?

(12) 　조금 더 익숙한 서점입니다. 서점에 가면 매대나 서가의 책을 꺼내서 책을 촬영하는 사람을 어렵지 않게 찾을 수 있는데, 확인해 보지 않았지만 이런 사람들 중 절반 이상은 북디자이너가 아닐까 감히(?) 추측해 봅니다. 저 역시 책을 촬영하기 위해 서점에 자주 갑니다. 주로 아이디어가 바닥났을 때, 머릿속이 텅 비었을 때 서점에 가요. 저는 이 행위를 책 사냥 또는 책 산책이라고 부릅니다. 책은 종이로 만들고 종이는 나무로 만들잖아요? 제 눈에는 서가에 주욱 꽂힌 책들이 숲이라고 느껴지더라고요. 북디자이너는 숲을 달리고, 걷고, 누비면서, 사냥감을 포획하고, 맛난 열매를 채집하는 거지요. 바로 이 지점에서 북디자이너는 이미지를 사냥하는 사냥꾼이 되는 것이고, 방랑자 무사 미야모토 무사시가 되는 것입니다. 물론 피를 흘리면서 사람을 베는 것이 아니라 하나의 유니크한 이미지를 사냥한다는 관점에서 말입니다.

5. 농사꾼 × 사냥꾼

지금까지 북디자이너란 어떤 존재인지를 설명하기 위해서 두 가지 다른 개념을 소개했습니다.

농사꾼	사냥꾼
정량적	정성적
문자	이미지
대량	소량
생산	약탈
체제 순응	도전, 불화

좋은 북디자이너는 두 종류의 덕목을 동시에, 혹은 번갈아 가며 드러낼 수 있어야 한다고 생각합니다. 농사꾼처럼 정량적으로 수치를 셀 수 있는 문자를 다루면서 체제나 집단 안에서 책을 생산할 수 있어야 하고, 동시에 사냥꾼처럼 고유한 이미지들을 약탈하고 훔치고 빼앗아 오기 위해 체제나 조직에서 언제든 벗어날 수 있어야 하지요.

만약 여러분이 북디자이너인데 내면의 열정이 점점 소진되어 '과연 이 길이 나의 길이 맞을까' 하고 정체성에 혼란을 느끼신다면 자신 안에 잠든 사냥꾼을 깨워서 밖으로 나가 사냥을 해야 합니다. (그러기 위해서는 먼저 사냥의 기술을 배워야 하겠죠?) 반대로 '나는 표현하고 표출하고 싶은 것들이 내면에 가득한 북디자이너인데 금손이 아니기 때문에 원하는 결과를 내지 못한다'고 생각하신다면 문자를 다루고 문자로 소통하는 농사의 기술을 배워야 합니다.

또 여러분의 동료 중에 맡겨진 일은 곧잘 하는데 뭔가 감각이 2퍼센트 부족한 것 같은 북디자이너가 있다면, 어떤 방법으로든 자신의 칼을 벼리고 밖으로 나가서 독특한 것을 사냥해 오도록 그의 등을 떠밀며 독려해야 하고, 재능은 차고 넘치는데 자신만의 예술세계에 빠져서 외롭게 분투하는 동료 북디자이너가 있다면, 말없이 다가가 그의 손에 쟁기를 쥐어 주면 됩니다. 심고 거두는 농사의 기쁨을 함께 누리도록 북디자이너를 논으로 밭으로 초대해야 하는 것이죠.

6. 사냥의 기술

사냥의 기술은 어떻게 배울 수 있을까요? 수많은 사냥의 기술 중에서 가장 쉬운 기술을 하나 말씀드리겠습니다. 그것은 남의 것을 훔치고 빼앗는 것입니다. 그렇다고 진짜로 무언가를 훔치면 큰일 나겠죠? 저작권법이 있으니까요. 제 의도는 훔치되 몰래 훔치고 빼앗되 체계적으로 약탈하자는 뜻입니다.

step 1. 100권의 책

지금은 전문교육기관도 있고 세미나와 강연도 많기 때문에 디자인을 전공하지 않아도 북디자인을 배울 기회나 길이 많이 있지요. 그런데 제가 북디자인을 시작한 15년 전만 해도 북디자인은 생소하고 폐쇄적인 분야였어요. 가르쳐 주는 사람이 없어서 스스로 배워야 했습니다. 정확히 말하면 배운다기보다 잘 디자인된 책을 보고, 따라 하고, 실패하고, 좌절하는 일의 연속이었습니다. 저는 첫 번째 책을 디자인하고 좌절한 다음 이런 생각을 했어요. '아, 일단 책을 많이 봐야겠다.' 그래서 종로에 있는 교보문고, 영풍문고, 반디앤루니스를 무작정 돌아다녔어요. 물론 책을 읽기 위해서가 아니라 사진을 찍기 위해서였습니다. 당시에 일주일에 한 번은 서점에 가서 표지, 책 날개, 제본 상태, 차례, 표제지 등을 찍어서 파일로 정리하는 것이 취미였어요.

그런데 시간이 지나고 나니 그 파일들이 실전에는 별로 도움이 안 되더라고요. 책은 실물을 만져 봐야 느낄 수 있는 오브제이기 때문입니다. 그래서 그다음부터는 돈을 모아 책을 샀습니다. 100이란 숫자는 일종의 상징입니다. 100권의 책은 북디자이너의 눈과 손이 항상 닿을 수 있는 책상 위나 작은 책장을 채울 정도의 숫자죠. 만약 최신 관심사와 자신만의 디자인 취향이 담긴 100여 권의 책을 책상 주변에 채워 둔다면, 어떤 디자이너든 어렵지 않게 멋진 책을 디자인할 수 있다고 생각합니다. 북디자이너는 주위에 실물 책이 많이 있어야 해요. 특별한 종이를 쓴 책, 제본을 멋지게 한 책, 내지 디자인이 멋진 책, 기획부터 최종 결과물까지 모든 것이 잘 디자인된 책, 특이한 색상의 책, 찢어진 책, 한국책, 일본책, 미국책, 유럽책, 가리지 않고 고루 접해 보고 수집해 볼 것을 권합니다.

step 2. 거침없이 따라 하기

주변에 참고할 책을 많이 가져다 놓았다면 이제 그 책을 참고해서 내가 디자인할 책에 적용하면 됩니다. 처음 북디자인을 시작할 때는 나만의 것을 찾겠다면서 참고할 자료가 지천에 있는데도 이제껏 보지 못한 무언가를 만들어 내느라 끙끙대는 경우가 많았던 것 같습니다. 해 아래 새것이 없듯 냉정하지만 내 안에도 새것은 없어요. 멋진 디자인을 그대로 카피하라는 말은 절대 아닙니다. 하지만 새로움에 대한 강박 때문에 스스로 얽매일 필요 또한 없습니다. 개념이나 표현을 뒤틀고 변형한다면 창조적인 모방은 오히려 권장할 만한 미덕이 됩니다. 멋진 레고 완성품을 자신의 취향에 맞게 분해하고 재조립하는 과정을 창조적인 모방이라고 여긴다면 이해가 빠를 것 같습니다.

step 3. 창작자의 입장으로 분해하고 조립하기

멋진 디자인을 참고하려고 책을 넘기다 보면 '와 정말 멋지다. 나도 이런 스타일로 작업하고 싶다'라고 감탄하게 되잖아요? 그리고 언젠가 지금 본 작품의 스타일을 써먹어야겠다고 다짐하게 됩니다. 그 자체가 나쁘다는 것은 아니지만, 북디자이너는 누군가의 결과물을 흉내 내기 전에 내가 멋지다고 느끼는 것이 왜 멋진지 그 이유를 설명할 수 있어야 된다고 생각합니다. 다른 사람을 설득하기 위해서가 아니라 먼저 스스로 납득하기 위해서 말이지요. 멋진 것, 아름다운 것에 대한 자신만의 기준이 없으면 다른 사람의 의견에 휘둘리거나 최신 트렌드만을 찾아 이곳저곳 헤매게 되거든요.

자신의 기준을 세우는 방법은 다양합니다. 그림을 그려도 좋고, 글로 정리해도 좋습니다. 그중에서 제가 제안하는 방법은 '디자인 분석비평노트'를 작성하는 것입니다. 시각창작물을 접했을 때 단순히 저장하는 것에서 그치는 것이 아니라, '이것은 이래서 좋다', '이것은 이래서 나쁘다', '이건 이렇게 하면 더 좋지 않았을까' 등을 분석하고 노트에 자신만의 기록으로 남기면 됩니다. 저는 이것이 가장 실용적인 북디자인 공부가 아닐까 생각해요. 디자인 분석비평을 꾸준히 작성하다 보면, 그다음 단계의 유추도 시도해 볼 수 있어요. 말하자면 귀납적인 방법으로 창작자의 핵심 아이디어를 훔치는 것입니다. '작가는 메시지나 주제를 어떤 아이디어를 통해 색이나 형태로 연결시켰을까', '글과 이미지, 그리고 다른 각각의 요소들 사이의 콘트라스트는 어떻게 설정했을까', '이미지의 원재료는 어디에서 가져왔을까' 등을 창작자의 입장에서 역으로 재현해 보는 것이지요. 마치 루브르에서 대가의 작품을 모사하는 예술가처럼요.

step 4. 책 아닌 다른 것을 훔친다

그런데 서점을 열심히 드나들다 보면 아무리 큰 서점이라도 언젠가는 싫증이 나더라고요. 사실 서점에 있는 책의 형식이나 표현 방법만으로는 북디자인에 관련된 지속적인 영감을 얻기 힘들잖아요? 그럴 땐 서점이 아닌 다른 곳, 다른 예술의 형식이 있는 곳을 찾아가서 이미지나 영감을 훔치는 것도 좋은 사냥 방법이 됩니다. 전시회나 순수예술,

공연예술, 건축예술, 길거리의 전단지, 오래된 자료들 등 디자인 요소로 적용할 수 있는 것이라면 무엇이든 가져와서 자신의 방식으로 분석하고 정리해 봅시다. 디자이너에게 자극을 준 모든 것들은 결국 어떤 식으로든 작업에 반영되기 마련입니다.

step 5. 작업에 맥락을 부여한다

책을 디자인하다 보면 잘 팔리지 않을 것 같은 책, 아무도 디자이너의 수고를 인정해 주지 않을 것 같은 책, 이런 책은 왜 만드나 싶은 책을 디자인해야 하는 경우가 있어요. 어쩌면 북디자이너의 작업은 대부분 그런 종류의 책인지도 모릅니다. 그런데 '이 책은 좀 쉽게 만들자. 일정도 급하고 여러 여건이 열악하니 기존에 하던 방식대로 하자'라는 생각을 품고 작업에 임한다면, 그 결과물은 반드시 북디자이너의 의욕과 열정을 갉아먹어요. 나중에 쓰려고 아껴 두던 아이디어까지 사그라들게 만들죠.

반대로 본인이 가진 아이디어와 열정을 지금 작업하는 책에 온전히 다 쏟으면 어떻게 될까요? 번아웃되어 나가떨어질까요? 그럴 수 있지만 그렇지 않을 수도 있습니다. 자신의 작업에 맥락을 부여한다면 말이죠. 책을 디자인할 때 자신의 이전 작업에서 좋았던 점과 나쁜 점, 개선하고 싶은 점을 기록하고, 지금 하고 있는 작업에 새롭게 적용함으로써 자신의 작업에 맥락을 부여할 수 있습니다. 가급적이면 이전 작업에서 써먹은 방식을 발전시켜서 지금 하고 있는 작업에 다시 적용하는 것이지요. 북디자이너의 작업은 이 과정을 반복하면서 조금씩 독특한 차별점을 지니게 됩니다. 일정 기간 꾸준히 작업한 결과물들이 일정한 흐름으로 이어지면서 북디자이너의 개성을 형성하는 것이지요. 독자들을 유혹하는 북디자이너의 반짝이는 개성이란 한 권 한 권의 책에 최선을 다한 사람만이 얻는 결과인지도 모릅니다.

7. 입자 × 파동

앞에서 쌀알과 문자의 공통점에 대해 이야기하면서 '일정한 단위로 셀 수 있는 것들의 집합체'를 다루는 감각에 대해 말했었죠? 그 감각은 '문자를 잇고 부리는 기술'이라고도 부를 수 있고, 북디자이너가 갖추어야 할 필수적인 덕목이라고도 말씀드렸습니다. 이것은 사냥의 기술과는 결이 다른 농사의 기술이라고 할 수 있습니다. 이 기술을 설명하기 위해 한 번 더 출판이 아닌 다른 분야의 개념을 가져오려 합니다.

물리학의 한 분야인 양자역학에 대해 들어 보신 적 있나요? 최근 몇 년 동안 책이나 강연, 영화나 텔레비전 같은 미디어들이 심심찮게 다룬 주제 중 하나가 바로 양자역학인데요. 미디어의 노력 때문인지 기초과학과 인문학에 대한 대중의 높은 관심사 덕분인지, 이제는 많은 사람들이 양자의 개념이나 입자의 개념을 상식처럼 머릿속에 떠올릴 수 있게 되었다고 생각합니다. 저도 양자역학에 관심이 있어서 가끔 들여다보는데 시간이 지나면 또 금방 잊어버리더라고요.

아무튼 제가 이해한 바로 우주만물은 아주아주 작은 몇 가지 물체들로 이루어져 있는데, 그것들의 이름은 '입자'이며, 우주의 모든 운동은 이 입자들의 상호작용으로 설명할 수 있다고 합니다. 양자역학의 '양자'란, 이렇게 아주아주 작은 입자들 가운데 더 이상 작아질 수 없는 에너지의 최소 단위를 말하는 것이라고 하네요. 예를 들면 빛의 최소 단위는 광양자, 또는 광자라는 이름의 입자라고 합니다.

그런데 방금 예로 든 빛이라는 물질(에너지)은 입자라는 개념으로 설명할 수도 있지만, 파동이라는 개념으로도 설명할 수 있다고 합니다. 호수에 돌멩이를 던지면 물결이 사방으로 퍼지잖아요? 지금 제 목소리도 물결 모양의 파동을 따라 여러분 귀에 도착하는 것이고요. 빛도 마찬가지로 입자이지만 물결 같은 파동의 형태로도 존재합니다. 그래서 물리학은 '빛은 입자이자 파동이다'라고 정의합니다.

파동은 파장이라는 단위로 측정합니다. 파동의 가장

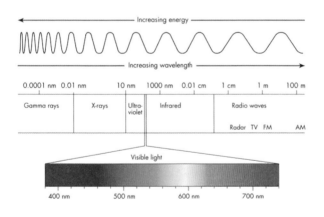

높은 곳에서 다음 높은 곳까지의 거리, 혹은 가장 낮은 곳에서 다음 낮은 곳까지의 거리를 파장이라고 이해하시면 됩니다. 가운데 가시광선을 기준으로 왼쪽으로 가면 파장이 점점 길어지고, 오른쪽으로 가면 빛의 파장이 점점 짧아집니다. 짧은 파장은 긴 파장보다 더 많은 에너지를 만들어 냅니다.

8. 문자 × 파동

제가 양자역학에서 가져오려는 것은 '빛은 입자이자 파동이다'라는 문장입니다. 저는 빛의 정의를 책에 적용하여 '책은 입자이자 파동'이며, '북디자인은 종이에 빛을 담는 과정이다'라고 정의하려 합니다. '빛은 입자이자 파동이다'라고 했으니 '북디자인은 종이에 입자와 파동을 담는 과정이다'라고 치환할 수 있겠죠.

책을 구성하는 것들 가운데 '입자'에 해당하는 요소는 무엇이 있을까요? 저는 '일정한 단위로 셀 수 있는 것들의 집합'인 '문자'라고 생각합니다. 한글의 경우 자음 14개, 모음 10개로 언어의 형태가 양자화되어 있다고 생각해 봅시다. 그렇게 양자화된 입자 형태의 문자들은 작가가 쓰고 편집자가 편집하는 방식에 따라 서로 다른 파장을 갖는 텍스트가 되는 것입니다. 예를 들면 누군가는 철학이나 과학 분야의 책을 읽을 때 긴장감 있는 짧은 파장을 느낄 수 있고, 문학이나 예술, 종교를 다루는 책을 읽을 때는 느긋하고 긴 파장을 느낄 수 있습니다. 더 복잡하게는, 과학을 주제로 하지만 쉬운 언어로 쓰여 있고 감정이입이 비교적 쉽게 이루어지는 글이 있을 수 있고, 반대로 에세이 형식을 취하지만 사회과학의 심각한 주제를 밀도 있게 다루는 글이 있을 수 있으므로 모든 책은 각각 저마다의 파장을 지니고 있다고 말할 수 있습니다.

중요한 것은 작가가 쓰고 편집자가 의도한 텍스트에는 저마다의 고유한 파동, 고유한 파장이 있다는 것입니다. (파동이나 파장을 의미나 메시지라고 해석하면 이해하기 쉬울까요?) 그리고 북디자이너는 그 파장을 '문자'라는 입자들의 배열로 시각화하는 역할을 담당한다는 점입니다. 따라서 북디자이너는 컴퓨터로 문서를 디자인하기에 앞서 자신에게 주어진 텍스트의 파장을 세심하게 분석하고 거기에 걸맞는 형태를 (때로는 의도적으로 걸맞지 않은 형태를) 찾아 문자의 배열로 표현해야 합니다.

9. 디자인 × 파동

첫 번째는 《청년아, 울더라도 뿌려야 한다》라는 에세이, 두 번째는 《새신자반》이라는 강의집 본문입니다. 그리고 《신앙의 합리성》이라는 철학서입니다. 편집디자인을 위해 사용된 요소는 어떤 것들이 있을까요? 책의 판형과 여백, 서체의 종류, 서체의 크기, 문자 사이의 간격, 글줄 사이의 간격, 글줄의 길이 등입니다. 모든 요소들은 인디자인이라는 편집 프로그램 안에서 수치로 표현할 수 있어요. 바로 '문자'라는 입자를 다루기 때문에 가능한 일이겠죠.

13~15

페이지 50

그것은 내게 말할 수 없이 크나큰 충격이었다. 그 때까지 한반도에서라면 답답히 나는 그런 광경을 난생 처음 보았던 것이다.

일본을 떠나 네덜란드의 수도인 암스테르담에 도착했다. 약 20여 개 국에서 온 연수생들과 함께 연수를 받았다. 그들은 점심때 혹은 짐바브웨에서 온 청년과 한국에서 온 나에게 조용 싶던 질문을 하곤 했다. 너희 나라에도 전기가 들어오는가 자동차는 있느냐 텔레비전은……

등등 그러한 질문을 받을 때면 참으로 수치스러웠다. 마침 자리 시간이었다. 연수생들이 뜻밖의 제안을 했다.

"저리 시간에 만큼 한국에서 온 미스터 리와 짐바브웨에서 온 청년에게 우리가 알지 못하는 저 미지의 나라에 대해서 묻는 것으로 자리 시간을 대신합시다."

그 제안에 짐바브웨 청년이 먼저 답했다. 식중일한 조용 싶던 질문으로 인해 그는 곤욕을 치렀다.

드디어 내 차례가 되었다. 나는 그들이 질문을 시작하기 전에 먼저 입을 떼었다.

"대한민국 수도 서울은 동서의 길이가 약 30킬로미터이고, 인구는 500만 명에 달합니다. 우리가 지금 앉아

페이지 51

있는 이 곳 암스테르담과 비교하면 면적으로는 약 10배, 인구로는 5배나 더 큰 도시입니다. 대한민국의 역사는 5000년에 이르며, 우리 고유의 언어와 글 그리고 문화를 가지고 있습니다. 여러분이 잘 알고 있는 유도나 가라테가 실은 우리나라에서 일본으로 건너갔습니다."

이렇게 연수를 친 뒤, "이제 질문이 있으면 얼마든지 하십시오"라고 말했다. 그러자 어느 누구도 텔레비전이 있느냐 전기가 있느냐 하는 식의 조용 싶던 질문은 더 이상 하지 않았다.

그 시간이 끝났을 때 브라질에서 온 청년이 나를 끌었다. 그리고 자기 주머니에서 수첩을 꺼내면서 여덟 뒷면에 있는 세계지도를 펴보고는 내게 물었다.

"미스터 리 당신이 살고 있는 코리아가 도대체 어디에 있는지 손가락으로 짚어 보십시오."

나는 그의 수첩을 받아 들고 대한민국을 짚어 보여 주기 위해 한반도를 찾았다. 그러나 그 곳에는 'KOREA'라고 쓰여 있지 않았다. 한반도에서 일본 쪽도 시아에 'JAPAN'이라고 명기되어 있을 따름이었다. 손가락으로 한반도를 가리키면서 여기가 대한민국이라고 말하자 그 브라질

페이지 56

엮음글이다.

흙의 특성으로 본 참 인간의 삶

여호와 하나님이 땅의 흙으로 사람을 지으시고 / 생기를 그 코에 불어넣으시니 사람이 생령이 되니라 (창2:7)

성경은 하나님께서 흙으로 사람을 창조하셨음을 말해 주고 있다.

흙의 첫 번째 특성은 '생명'이다

모든 생명은 흙으로부터 시작된다.

페이지 57

이번에는 텍스트를 수치로 변환하기 전에 파동으로 그려 보겠습니다. 편의상 긴 파장, 짧은 파장, 보통 길이의 파장을 사용했는데 제 나름대로 텍스트의 파장을 분석하고 표현한 이미지입니다. 마지막 책의 파동을 보시면, 한 권의 책 안에서도 텍스트의 성격에 따라, 서로 다른 파장을 섞어서 표현할 수 있겠죠.

저는 북디자이너가 편집 프로그램에 텍스트를 넣고 수치화하기 전에, 먼저 텍스트를 읽고 나서 느껴지는 파장을 시각적으로 구성해 보는 과정이 꼭 필요하다고 생각합니다. 왜냐하면 텍스트가 전달하려는 메시지는 입자가 아닌 파동의 형태로 존재하기 때문입니다. 독자는 책의 형식을 통해 북디자이너가 의도한 책의 파동을 1차적으로 인식합니다. 그리고 그 파동 위에 자신이 책을 읽으면서 느낀 2차 파동을 중첩시킵니다. 독자의 머릿속에서 일어나는 이 두 번의 파동이, 두 번의 파장이, 최대한 비슷해지도록 오차를 줄여 나가는 것이 북디자인의 과정입니다.

제가 학교에서 디자인을 배울 때는 편집디자인의 형식을 결정하는 것이 '가독성'이라고 배웠어요. 그래서 암묵적으로 통용되는 만능 공식 같은 것이 존재했습니다. 예를 들면 최적의 본문 서체는 특정 서체 회사의 무슨 명조체, 포인트는 8.5~10.5포인트, 서체마다 최적의 자간이 정해져 있고, 글줄 사이는 200퍼센트를 기준으로 한 어디쯤, 글줄 길이는 한 줄에 8~12 단어 정도 등등 충분히 일리가 있는 가르침이지요.

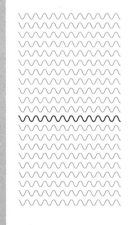

하지만 일정 시간 이상 책을 만들면서 제가 느끼기에는 특정한 수치로 표현할 수 있는 가독성은 오히려 너무 단조로운 방식이 아닌가 싶었어요. 실제로 요즘 편집디자인의 트렌드를 '가독성'만으로 설명하기에는 조금 부족한 부분이 있다고 생각합니다. 읽기 어려운 편집, 독특한 편집이 적용된 책을 선호하는 경향도 분명히 있으니까요. 만약 일반적이지 않은 편집이 텍스트와 잘 어우러지는 경우가 있다면, 그것은 분명 그 텍스트가 일반적이지 않은 파장을 지니고 있기 때문이기도 할 겁니다. '입자로 표현하는 파동'이라는 개념을 책에 적용한다면, '가독성'의 개념을 손상시키지 않으면서도 조금 더 유연하게 텍스트의 정체성을 표현할 수 있지 않을까요?

파동을 '의식의 흐름'이나 '감정의 변화'라고 해석하면, 북디자인의 범위를 '본문 조판'이라는 한정된 영역보다 더 넓은 의미로 확장할 수도 있습니다. 오케스트라 지휘자가 악보를 보며 강약을 조절하듯, 영화감독이 기승전결 클라이맥스를 구상하듯, 앞표지를 펼치고 면지를 넘어 표제지, 차례, 머리글, 본문, 부록, 판권, 다시 면지, 뒤표지를 넘기기까지의 순차적 경험은 다양한 파장으로 길게 이어지는 하나의 파동으로 표현될 수 있습니다. 즉 책을 구성하는 모든 요소들이 하나의 역동적인 파동을 연출하는 데 기여하는 것이지요.

10. 북디자인 × 북디자이너

지금까지 북디자이너의 정체성과 북디자인을 수행하는 기술에 대한 저의 개인적인 의견을 말씀드렸습니다. 비록 엉뚱한 발상에서 비롯한 검증되지 않은 이야기지만, 북디자인을 즐겨하는 북디자이너와 자신의 일을 사랑하는 모든 창작자에게 작은 도움이 되면 좋겠습니다. 이야기를 마치겠습니다. 감사합니다.

북디자이너로 불리는 것도 아니고
어떤 '디자이너'로 불리기 원하는 것이 아닌,
나는 그냥 '이미지를 만드는 사람'이
되고 싶었던 것이다.
순수하게 이미지를 위한 열정.
주제를 던져 주면 그걸 잘 표현하고 싶은 욕망.
그리고 보는 사람들에게 감동을 주고 싶었다.

작은
캔버스,
그래픽을
만나다

석윤이
디자이너

회화를 전공한 나는 언제나 큰 캔버스에 작업하는 것을 좋아했다. 기억에 남는 여러 가지 장면들이 있는데, 커다란 와꾸와 캔버스 천을 사다가 넓게 펼쳐 두고는 열심히 당기고 박으면서 틀을 짜는 것이었다. 사실 그냥 잘 만들어진 캔버스를 사도 될 일인데 틀을 짜는 작업은 내게 하나의 '행위'이고 워밍업과 같은 과정이었다. 무조건 크게 걸어야 존재감도 있고, 시시한 표현이라 할지라도 크기에서 압도되는 것이 좋았다.

그렇게 공간을 확 바꾸는 작업에 흥미를 느끼던 내가 갑자기 어떠한 이유로 출판사에 취직을 하게 되었는데, 가장 어려웠던 것은 작은 사각형에 무언가를 표현하는 일이었다. 실물 사이즈의 비율과 화면 안이 동일하게 느껴지기보다는 어색하고 어떤 느낌인지 알 수 없는 답답함의 연속이었다. 게다가 속도는 너무나도 느려서 머릿속의 이미지는 한참 진전이 되었는데, 화면 안의 이미지는 정리가 되질 않았다. 수십 장을 뽑아 보고서야 이해가 되었고, 나아지는 듯했지만 여전히 거칠고 어지러운 느낌이었다. 이토록 나는 디자인을 할 때 갖추는 기본적인 편집 능력과 툴에 대한 이해가 부족한 상태에서 덜컥 취업이 되어 버린 것이다.

그 당시 집에 제대로 된 작업 컴퓨터도 없었던 터라, 제대로 된 시안이 나오질 않아 주말에 작업할 셈으로 회사의 컴퓨터 본체를 빼서 차에 싣고 집에 갔다. 누군가에게 이런 이야기를 하면 사실 창피한 일이기도 하지만 지금 생각하면 얼마나 간절했고, 열정적이었는지 새삼 스스로에게 짠한 마음이 든다. '잘리면 안 된다'는 생각이었을까? 아니면 그냥 내가 원하는 무언가를 잘 표현하고 싶어서였을까.

컴퓨터 본체를 싣고 집으로 가는 일은 약 2년 뒤에 종료되었다. 비로소 주중에 시안을 마무리할 수 있게 되었기 때문이다. 이 이야기는 지금으로부터 약 13년 전이다. 그 사이에 수많은 다양한 책들을 만들고 반복된 작업을 통해서 훈련 아닌 훈련을 해온 셈이다. 그러나 여전히 그리드에 관심이 없고, 프로그램의 기능도 잘 모른다. 최근 들어 나는 무얼 하고 싶은 걸까, 어떤 걸 제일 좋아할까 스스로에게 물어보았다.

북디자이너로 불리는 것도 아니고 어떤 '디자이너'로 불리기 원하는 것이 아닌, 나는 그냥 '이미지를 만드는 사람'이 되고 싶었던 것이다. 순수하게 이미지를 위한 열정. 주제를 던져 주면 그걸 잘 표현하고 싶은 욕망. 그리고 보는 사람들에게 감동을 주고 싶었다. 내가 생각한 걸 그대로 표현할 줄만 알면 되는 것이다(물론 지금도 어렵다). 그러고 나면 다시 또 다른 작업을 하고, 뒤돌아서면 잊어버리고 또 그다음으로 넘어간다. 이런 성향에 맞는 회사가 바로 '열린책들'이었는데 다양한 성격의 일을 통한 경험과 많은 양의 일로 뒤돌아보지 않고 앞으로 전진하게 만들어 준 곳이다. 다양한 시리즈 작업과 한꺼번에 나와야 하는 세트 작업 경험으로 전체를 보고 전체를 생각하고 흩어진 것을 하나로 묶는 방법을 터득했다. 그래서 과정은 고되지만, 특별히 세트와 시리즈 작업들은 나에게 다방면의 즐거움을 준다. 여러 가지 작업 중에 열린책들《수용소군도》, 북노마드 〈일본 단편선〉 시리즈 과정을 이야기하고자 한다.

수용소군도 리커버 에디션(2017)

《수용소군도》는 열린책들에서 디자인하면서 세 차례 다른 버전으로 출간되었다. 여섯 권이 세트로 나왔던 것이 1권 빼고는 절판되어 2007년에 미스터 노 시리즈에 세계문학으로 포함되면서 새로운 표지로 리뉴얼을 하게 되었다. 그 당시 디자인을 보면 타이틀을 손으로 직접 쓴 뒤 나머지 이미지들도 솔제니친의 얼굴을 비롯해 다양하게 콜라주한 느낌이다. 전쟁과 수용소의 느낌을 어떻게 담으면 좋을까 고민했던 흔적이 남아 있다. 그로부터 약 10년이 지난 2017년에 다시 한번 리뉴얼 작업에 들어갔다. 마케팅팀으로부터 온라인 서점인 알라딘에서 《수용소군도》를 세트로 리뉴얼해 한정판으로 내자고 했다는 말을 들었을 때 내 머릿속에서 맴돌았던 생각은 '설마 내가 하는 건 아니겠지?'였다. 인하우스 디자이너라면 갑작스럽게 발생하는 급한 일정은 무조건 피하고 싶은 마음이라는 것을 이해할 것이다. 그렇지만 언제나 급한 일은 있고, 이런 일로 인해 이미 짜여 있던 일정이 미뤄지거나 조정되지는 않는다는 것이다. 일단 여섯 권이라는 점과 10년 전의 수용소군도를 떠올렸을 때 마땅히 좋은 디자인이 떠오르지 않는 시작은 조금 갑갑한 작업이었다.

설마는 현실이 되어 여섯 권의 리뉴얼 작업을 진행하게 되었다. 표지뿐 아니라 본문 또한 교정과 함께 새롭게 조판에 들어가야 하는 상황이라 묵은 먼지를 털 듯 오래된 파일을 열어 편집자와 본문 디자인 담당자들은 이 책의 출간에 맞추어 매우 분주해졌다. 작업을 시작할 때마다 항상 '새로운 마음'을 가지려고 노력한다. 내가 해왔던 디자인 스타일에 얽매이지 않고 이 책을 신선하게 보여 줄 새로운 방법이 있을까? 어떻게 하면 재미있는 작업이 될까? 고민하게 된다. 하지만 생각으로는 아무것도 풀어낼 수 없다는 것을 깨닫고, 일단 솔제니친의 얼굴을 검색해 보았다. 다양한 판본의 표지와 얼굴 이미지를 찾아보니 러시아문학이기에 레드 컬러로 된 표지가 꽤 많았고, 대부분 어두운 느낌이었다.

그렇다면 레드 컬러는 피해야겠다는 생각이 들었고, 기록 문학인 이 책과 맞는 컬러는 베이지와 블랙이 어떨까 싶어 일단 그 톤으로 방향을 잡았다. 회사 내부에서 솔제니친의 얼굴을 활용한 디자인을 했으면 좋겠다는 의견이 있었기에 정면, 측면, 위를 올려다보는 얼굴 등 표지에 사용할 수 있는 다양한 표정과 각도의 이미지를 모아 하나씩 넣어 보았다.

가장 큰 영향을 준 디자인은 열린책들에서 오래전에 (1) 나온 《붉은 수레바퀴》의 표지 이미지였는데, 강하면서도 기록 문학과 같은 느낌의 심플한 디자인이 눈길을 사로잡았다. 솔제니친의 이미지와도 잘 맞는 이 스타일을 지금에 맞게 새롭게 만들어 보면 좋겠다는 생각이 들었다.

B6 판형에 커버가 있는 무선 제본으로 작지도 크지도 않은 사이즈이다. 기록 문학에 맞는 서체와 자칫 얼굴 이미지로 너무 밋밋해지지 않을 레이아웃으로 잡아 보았다. 중

《붉은 수레바퀴》 표지

솔제니친의 얼굴

1권 표지 컬러와
레이아웃 이미지

앙에 얼굴 이미지를 넣고, 주변에 텍스트들을 배치한 뒤 동그란 원을 시원하게 넣어 보았는데 나름 다른 요소들과 매치가 되어 서로 어우러진다는 느낌이 들어 이대로 발전시켜 보자고 생각하게 되었다.

일단 러프하게 작업한 여섯 권의 표지 이미지를 나열해 보니 전체적으로 균형을 맞출 수 있을 것 같았다. 자연스럽게 대지 작업으로 연결되어 책등과 뒤표지에 어떤 식으로 연결시키면 좋을지 자리도 잡아 보았다. 해결되지 않는 부분도 있었으나, 컨펌이 나야 하는 일정이 가까워지고 있어 앞표지라도 공유해야 하는 상황이라 일단 알라딘으로 보냈다.

예상치 못한 수정 요청이 왔는데, 앞표지에 들어간 솔제니친의 얼굴 대신 얼굴이 아닌 다른 이미지를 넣었으면 좋겠다는 것이었다. 하지만 얼굴 외에 다른 이미지는 한 번도 고려해 본 적이 없었기에 앞으로 일주일 안에 적절한 이미지로 컨펌을 받을 자신이 없어져서 살짝 불안한 마음이 들었다.

이렇게 저렇게 고민을 하다가 저작권을 담당하는 분(벨기에 사람)에게 관련된 이미지를 찾아봐 달라고 부탁했다. 일단 이 책 속에 담긴 상황과 비슷하거나 사실을 기록한 사진 혹은 영화 스틸컷을 찾을 수 있을지 검색을 해야 하지만 아무래도 나의 외국어 실력으로는 빠르게 찾을 자신이 없었기 때문이다. 무엇보다 마음에 드는 이미지를 찾았다고 해도 저작권 문제로 출처를 찾는 일과 사실 확인 등에는

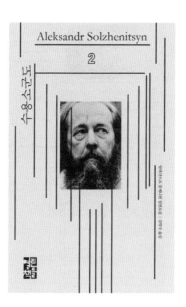

얼굴이 들어간 표지들

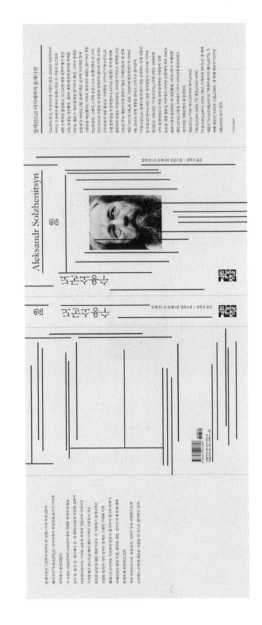

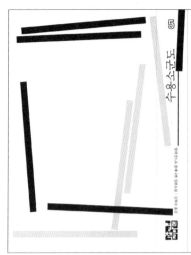

Aleksandr Solzhenitsyn

5

수용소군도

알렉산드르 솔 제니친 장편소설 | 김학수 옮김

시간이 필요했다. 저작권을 해결하기 전에 적절한 이미지 후보들을 추려 얼굴 이미지 대신에 넣어 보았다.

(3) 마음에 들었던 이미지 중 하나는 출처를 찾아보니 이미 없어진 옛날 신문에 실린 사진이었고, 또 하나는 영화 스틸컷이었는데 그 이미지는 가격이나 사용 범위의 확인이 필요했다. 이렇게 저렇게 급한 대로 적절한 이미지를 넣고, 그래픽 요소들을 조금씩 보완하면서 완성도를 높여 갔다. 속표지에는 다른 요소를 제외하고 겉표지에 사용된 그래픽을 그대로 넣었다. 이대로 알라딘과 내부에서 컨펌이 완료되었다.

(4) 디자이너의 일은 컨펌 이후부터이기에 이제 시작이다. 레이아웃과 서지 정보를 다시 정리한다. 예를 들어 초반에 알레산드르 솔제니친을 영문으로 표지에 크게 넣었다면 다시 확인한 뒤 원제를 넣기로 한다. 여기서 대소문자를 섞어서 넣었었는데 확인해 보니 GULAG는 대문자로 표기해야 한다던가, 인쇄에 맞게 채도가 적절한 베이지를 별색으로 지정하는 것이 나을지를 고민하는 등 여러 가지 요소들을 수정, 보완하게 된다. 그 밖에 여섯 권의 책등을 나열했을 때 베이지, 블랙, 화이트가 반복되도록 맞추어 그래픽 이미지를 정리한다.

(5) 이렇게 마무리가 되는가 보다 하고 한숨 돌리려던 참, 여섯 권의 패키지 디자인이 필요하게 되었는데 일반적으로 많이 볼 수 있는 박스가 아닌 열리는 방법이 좀 다른 박스를 제작하고 싶었다. 역시나 시간은 부족하다. 이틀 안에 박

수정된 이미지가 들어간 표지

저작권 해결 전의 사진 후보들

③

Arkhipelag GULAG

수용소군도

1 2 3 4 5 6

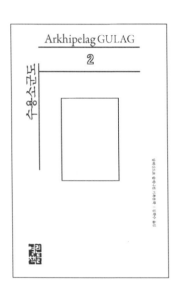

서지 정보와 레이아웃 확정

컬러 확정

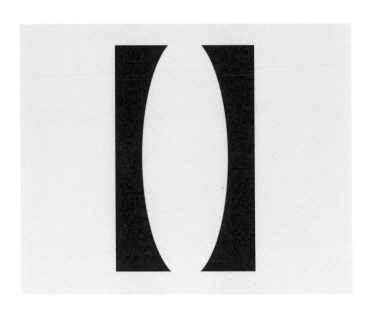

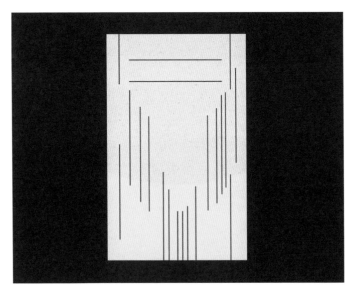

4

스 칼선이 나와야 하는 상황이라 일단 방식은 좀 다르게 하되, 그래픽 디자인 자체는 간결하게 블랙 라인으로 넣었다. 그러나 스스로 만족스럽지 않은 상태에서 주변의 의견 또한 "시간이 없어서 급하게 한 것 같다, 감옥 같다"는 의견이 있었다. 박스 각 면에 표지에 사용한 그래픽을 그대로 넣어보니 전체적으로 표지와 연결되기도 하고 완성도가 생겼는데, 문제는 정확한 칼선과 샘플 작업이 필요할 것 같아 불안하기도 했다. 괜히 어려운 디자인을 하는 건 아닐지 고민하다가 약간의 오차는 있으나 그 오차로 밀리거나 하지는 않을 것이라는 제작처 담당자의 말에 마음을 편히 가지기로 했다.

하지만 왜 불안한 예감은 맞는 것일까!

싸바리 인쇄 감리까지 마치고 납품 일정을 맞추기 위해 다들 분주한 가운데, 싸바리 인쇄한 디자인이 박스 칼선과 정확하지 않아 다 밀린다는 연락이 왔다. 제작 담당자는 식은땀을 흘리고 나 역시 어디에서 잘못된 것일까 빠른 해결을 위해 원인을 찾아보았으나 칼선 자체의 사이즈는 잘못된 부분이 없어 보였다. 결국 업체에서 칼선을 전달할 때 사이즈가 잘못 계산된 부분이 있었다는 것을 알게 되었고, 부랴부랴 재제작에 들어갔다. 납품일이 하루 늦어졌지만 제대로 된 모습으로 간신히 일정을 맞출 수 있었다.

⑥ 마지막까지 긴장을 놓을 수 없던 작업이었지만, 그동안 해보지 않았던 디자인을 해볼 수도 있었고 무엇보다 세트라는 것 자체의 매력만으로도 충분히 의미가 있는 작업

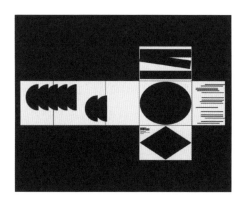

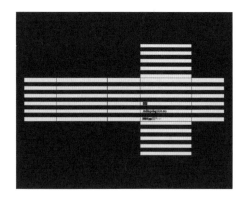

박스 시안

박스 최종 이미지

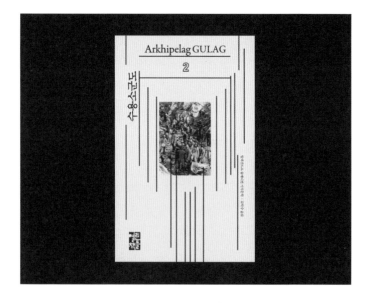

최종 표지

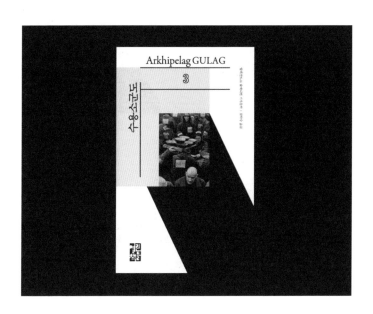

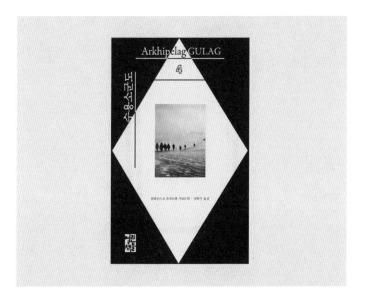

145

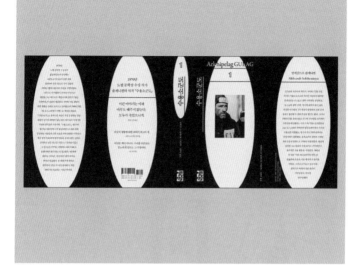

147

6

이었다. 이후에 책등에 제목을 왜 왼쪽으로 기울였느냐는 문의가 있었다며 묻기에 '그냥… 의미가 없이 반대로 했다'고 했는데 사실 왜 왼쪽으로 기울였는지는 나도 모르겠다. 수용소군도 여섯 권을 내자는 의견을 들었을 때 마케팅팀을 비롯하여 과연 이 세트를 누가 살 것인가, 과연 소진이 빨리 될 것인가 등 의문이 많았는데, 다행히 약 2개월 만에 다 소진되었다.

일본 단편선 시리즈, 북노마드
레몬 / 호랑이 사냥 / 인간 의자 / 비용의 아내

일본 단편선은 다자이 오사무, 에도가와 란포, 가지이 모토지로, 나카지마 아쓰시 등 일본 작가들의 단편을 꾸준히 내고자 하여 약 열 권 정도의 느낌을 전체적으로 구상해 보았다.

인쇄비도 줄일 겸 1도로 가고, 종이도 차분한 느낌으로 해보고 싶어 색지 계열을 찾아보았는데 두성 비비칼라의 색 구성이 너무 마음에 들어 꼭 사용하고 싶어졌다. 각 권당 분량이 많지 않으니 핸디한 판형이면 좋겠기에 110×183 정도의 사이즈, 본문 용지를 그린라이트 100그램 사용하면 대략 책등은 8~10밀리미터 정도가 나오니 적절할 것이라 생각되어 간단히 정리를 해보았다. 비비드한 컬러감을 나열해 두는 것만으로도 흡족하다.

⑦

세 권 정도를 나란히 두고 스타일을 잡아 보는데, 처음에 나올《레몬》,《호랑이 사냥》,《어느 소녀의 죽음까지》타이틀에 맞는 색은 모노톤 계열과 강한 컬러의 조합이 맞을 것 같아 그레이, 화이트, 레드 색지로 세팅하고, 그 위에 텍스트를 원어로 각각 다른 위치에 배치했다. 아무래도 너무 심심해 보이는 것 같아 참지 못하고 위에 뭐라도 올려 보았다. 위에 낙서라도 올려 보니 속이 시원해진다. 매트한 질감의 종이에 유광 먹박으로 휙휙 드로잉을 올리면 어떨까 생각해 보니, 이런 드로잉의 느낌을 꾸준히 유지할 자신이 없다. 배경 컬러 조합을 계속 바꿔 보면서 이번에는 서체의 크기를 달리해 본다. 각 권마다 표지에 텍스트들 크기를 다 다르게 하면 어떨까. 아주 작게, 아주 크게 변주를 주면 좀 재미있어 보이지 않을까. 텍스트 일부를 지우거나 그래픽을 올리며 가려 버리는 방식으로 다양하게 해보니 각각 나름대로 다른 느낌을 줄 수 있을 것 같았다. 무언가를 계속 채우는 방식으로 잡다 보니 다시 비우고 싶어 싹 지우고 여백 위에 타이틀만 올라가는 방식, 원점으로 돌아간다. '결국 비우는 것이 제일 좋구나…'라고 생각하지만 뭔가 비워진 것에 허전함을 느끼며 같은 과정을 되풀이하게 된다. 하지만 이런 반복되는 과정 속에서 남겨진 자료들을 시간이 지나 다시 보면 이런 생각을 했었구나, 새삼 재미를 느끼게 되어서 언제부터인가 과정을 하나도 버리지 않게 되었다.

비비칼라 용지는 금액대가 높은 편이라 신중하게 고민을 하게 되었는데, 다양한 컬러의 수급이 원활하지 않을 수 있다는 점, 타이틀과 맞지 않는 컬러를 어쩔 수 없이 사용해

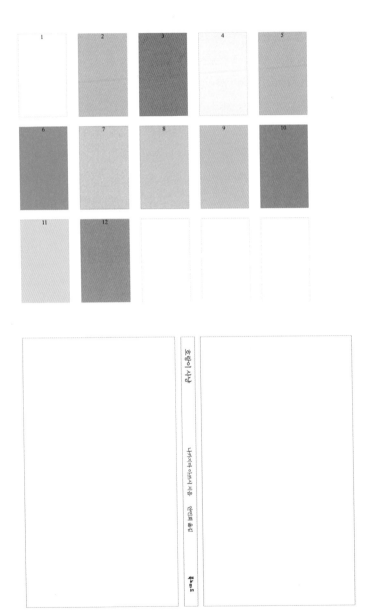

나뭇잎의 여러가지 자른 연두색

밝은색

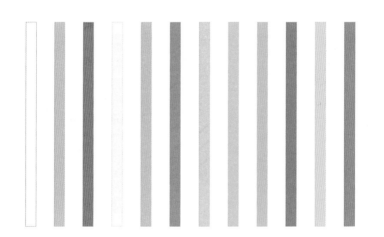

えたいの知れない不吉な塊が私の心を始終おさえつけていた。しょうそう焦躁と言おうか、嫌悪と言おうか――酒を飲んだあとに宿酔しゅくすいがあるように、酒を毎日飲んでいると宿酔に相当した時期がやって来る。それが来たのだ。これはちょっといけなかった。結果したいせん肺尖かタルや神経衰弱がいけないのではない。また背を焼くような借金などがいけないのではない。いけないのはその不吉な塊だ。以前私を喜ばせたどんな美しい音楽も、どんな美しい詩の一節も辛抱がならなくなった。蓄音器を聞かせてもらいにわざわざ出かけて行っても、最初の二三小節で不意に立ち上がってしまいたくなる。何かが私をいたたまらせなくなるのだ。それで始終私は街から街を浮浪し続けていた。

1919

えたいの知れない不吉な塊が私の心を始終おさ圧えつけていた。しょうそう焦躁と言おうか、嫌悪と言おうか——酒を飲んだるとにふ宿酔つかよいがあるように、酒を毎日飲んでいると宿酔に相当した時期がやって来る。これはもっといけなかった。結果したはいせん勝実カ

檸檬　かじいもとじろう　만민회 율님

タルや神経衰弱がいけないのではない。また背を煉くような借金などがいけないのではない。いけないのはその不吉な塊だ。以前私を喜ばせたどんな美しい音楽も、どんな美しい詩の一節も辛抱がならなくなった。蓄音器を聞かせてもらいにわざわざ出かけて行っても、最初の二三小節で不意に立ち上がってしまいたくなる。何かが私をいたたまらずさせるのだ。それで始終私は街から街を浮浪し続けていた。

えたいの知れない不吉な塊が私の心を始終おさ圧えつけていた。しょうそう焦躁と言おうか、嫌悪と言おうか——酒を飲んだあとにふある宿酔つかよいがあるように、酒を毎日飲んでいると宿酔に相当した時期がやって来る。それが来たのだ。これはいっといけなかった。結果したはいせん勝実カや神経衰弱がいけないのではない。

立림이 사님　다카이에 시시이저 지음　만민회 율님

1934

어느 소녀의 축음까지　우도 사이에 지음　만민회 율님

1919

えたいの知れない
不吉な塊が私の心
を始終おさ圧えつ
けていた。しょう
そう焦躁と言おう
か、嫌悪と言おう
か——酒を飲ん
だあとにふある宿
酔つかよいがある
ように、酒を毎日飲ん
でいると宿酔に相
当した時期がやっ
て来る。それが来
たのだ。これはち
ょっといけなかっ
た。結果したはい
せん勝実カタルや
神経衰弱がいけな
いのではない。ま

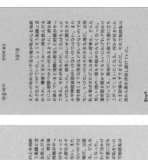

えたいの知れない不吉な塊が私の心を始終おさえつけていた。しょうそう焦躁と言おうか、嫌悪と言おうか──酒を飲んだあとに宿酔があるように、酒を毎日飲んでいると宿酔に相当した時期がやって来る。それが来たのだ。これはちょっといけなかった。結果した肺尖カタルや神経衰弱がいけないのではない。また背を焼くような借金などがいけないのではない。いけないのはその不吉な塊だ。以前私を喜ばせたどんな美しい音楽も、どんな美しい詩の一節も辛抱ならなくなった。蓄音器を聴かせてもらいにわざわざ出かけて行っても、最初の二三小節で不意に立ち上ってしまいたくなる。何かが私をいたたまらずさせるのだ。それで始終私は街から街を浮浪し続けていた。

えたいの知れない不吉な塊が私の心を始終おさえ
つけていた。しょうそう焦躁と言おうか、嫌悪
と言おうか――酒を飲んだあとにふ宿酔つよい
があるように、酒を毎日飲んでいると宿酔に相当
した時期がやって来る。それが来たのだ。これは
ちょっといけなかった。結果したはいせん静実力

瑞은　　가이아 보들레르 단편선
반미래 옮김

えたいの知れない不吉な塊が私の心を
始終おさえつけていた。しょうそう
焦躁と言おうか、嫌悪と言おうか――
酒を飲んだあとにふ宿酔つよいがあ
るように、酒を毎日飲んでいると宿酔
に相当した時期がやって来る。それが
来たのだ。これはちょっといけなかっ
た。結果したはいせん静実力タルや神
経衰弱がいけないのではない。また青
を挽くような借金などがいけないの
ではない。いけないのはその不吉な塊
だ。以前私を喜ばせたどんな美しい音

호밀이 시날　나가야마 아쓰시 지음
반민과 옮김

1934

어느 소녀의　　　무도 사이에 지음
웃음까지　　　　반민화 옮김

1919

えたいの知れない不
吉な塊が私の心を始
終おさえ圧えつけてい
た。しょうそう焦躁
と言おうか、嫌厚と
言おうか――酒を飲
んだあとにふ宿酔
かよいがあるよう
に、酒を毎日飲んで
いると宿酔に相当し
た時期がやって来
る。それが来たの
だ。これはちょっと
いけなかった。結果
したはいせん静実か
タルや神経衰弱がい
けないのではない。
また青を挽くような
借金などがいけない
のではない。いけな
いのはその不吉な塊
だ。以前私を喜ばせ
たどんな美しい音楽

야 한다는 점 등등 여러 가지 이유로 결국 사용하지 못하게 되었다. 넓은 폭의 컬러와 적절한 두께로 꾸준히 사용할 색지 종류를 찾기가 어렵다. 첫 번째 책이《레몬》이라 레몬 컬러 바탕에 연상되는 그래픽을 올리는 디자인으로 가기 위해 마무리 작업을 하고 있었는데, 아무리 해도 참외 같고 밋밋한 느낌이 마음에 들지 않았다. 뭔가 좀 더 색다른 게 없을까 고민하던 차에 시원하면서도 표지 전체를 가로지르는 과감한 무언가를 올려 버리자며 휙휙 넣다 보니 이전보다는 이《레몬》과 맞는 느낌이 들어 조금은 마음에 든다.《레몬》은 제목 때문에 컬러로 커버할 수 있지만《호랑이 사냥》은 이 안에 담고 있는 분위기와 색채가 뚜렷하게 떠오르질 않아 고민하는 시간이 길었다. 새벽, 밤, 날카로운 듯하면서도 희망찬 여러 가지 요소들이 주는 분위기에 선택한 컬러와 그라데이션의 사용으로 답답함보다는 강하면서 시원한 느낌을 담으려고 했다.

일본 단편 시리즈이기 때문에 종이를 선택하는 부분에서 어떤 섬세함을 포기하기는 힘들다. 일본에 가서 다양한 상점을 둘러볼 때마다 어떤 물건이든 마치 선물을 받는 것 같은 섬세한 포장과 서비스, 마감에서 오는 감동이 있었다. 그래서 그런 느낌을 줄 수 있게 선택한 종이는 MG크라프트. 겉면의 질감을 살리기 위해 겉면이 아닌 안쪽 면에 유광 코팅을 하여 표지로 단단함을 주었고, 속표지는 겉표지에 사용된 별색 중 하나와 텍스트로 채웠다. 질감 덕분에 자칫하면 이질감이 느껴질 수 있는 강한 이미지가 한 단계 차분한 느낌을 얻게 되었다.

안민희

동덕여자대학교 일본어과와 한국외국어대학교
통번역대학원 한일과를 졸업(일본어 전공)했다.
일본무역진흥기구(JETRO) 서울사무소에서
근무하고, 한국문학번역원 번역아카데미에서
공부하고 있다. 2017년 6월 한국문학번역원 주최
한일출판권리와 교류 간담회, 2017년 7월 제10회
피스쇼그린보트 프로그램 은희경 '한국소설 읽는
밤', 2017년 11월 한국문학번역원 주최 비평가
와카마쓰 에이스케 강연, 2017년 11월 비평가
와카마쓰 에이스케(E0.R80)와 작가 이승우 대담
등을 통역했다. 옮긴 책으로 다자이 오사무
『가정의 행복』(글·힘, 프로메테O)가 있다.

정체를 알 수 없는 불길한 덩어리가 마음을
내리 짓누르고 있었다. 초조함이라 해야 할지
혐오감이라 해야 할지. 이전에는 나를 행복하게
했던 어떤 아름다운 음악도, 어떤 아름다운 시 한
구절도 견딜 수 없이 싫어졌다. 뭔가가 나를 가만히
앉아 있지 못하게 한다. 그리하여 나는 온종일 이
거리 저 거리를 오가고 있었다.

えたいの知れない不
圧えつけていた。し
嫌悪と言おうか—
かよいがあ
酢に柑
だ。
いた

가지이 모토지로 단편집 안민희 옮김

레몬

가지이 모
안민희 옮

북노마드

안민회

동덕여자대학교 일본어과와 한국외국어대학교
통번역대학원 한일과를 졸업(일본어 전공)했다.
일본무역진흥기구(JETRO) 서울사무소에서
근무하고, 한국문학번역원 번역아카데미에서
공부하고 있다. 2017년 6월 한국문학번역원 주최
한일출판권리와 교류 간담회, 2017년 7월 제10회
피스쇼그린보트 프로그램 은희경 '한국소설 읽는
밤', 2017년 11월 한국문학번역원 주최 비평가
와카마쓰 에이스케 강연, 2017년 11월 비평가
와카마쓰 에이스케(E0.R80)와 작가 이승우 대담
등을 통역했다. 옮긴 책으로 다자이 오사무
『가정의 행복』(글·힘, 프로메테O)가 있다.

거리가 마음을
…이라 해야 할지
…는 나를 행복하게
…어떤 아름다운 시 한
… 뭔가 나를 가만히
…하여 나는 온종일 이

えた…の知れない不吉な塊が私の心を始終おさ
圧えつけ… しょうそう焦躁と言おうか、
嫌悪… 酒を飲ん… に、宿酔つ
かよいかあ… ように、酒を毎日飲んでいると宿
酔に相当した時期がやって来る。それが来るの
だ。これはちょっといけなかった。結果… たよ
いせん肺尖カ

레몬
가지이 모토지로 단편선
안민희 옮김

북노마드

가지이 모토지로 梶井基次郎

1901년 2월 17일 오사카大阪에서 태어났다.
기타노北野 중학교를 거쳐 1919년 제3고등학교
이과에 진학하지만 문학에 음악에 흥미를 느낀다.
1920년 9월에는 폐첨카타르 진단을 받고 학교를
떠났다가 11월에 복귀했다. 문학에 대한 관심으로
1922년부터 습작을 시작했고, 동시에 5년 만에
고등학교를 졸업했다. 1924년 도쿄제국대학
영문학과에 입학하고, 나카타니 다카오中谷孝雄
등과 동인지 《푸른 하늘靑空》의 창간을 준비한다.
같은 해 객혈과 이복 여동생의 죽음을 겪으며 극히
예민해졌다. 1925년 1월 《푸른 하늘》 창간호에
「레몬」을 발표했다. 1926년 양부터 1년 동안
요양을 위해 이즈伊豆의 유가시마湯ヶ島온천에
머물렀다. 그때를 계기로 가와바타
야스나리川端康成를 비롯한 문인들과 교유한다.
1927년 6월 《푸른 하늘》은 폐간되었다. 1928년에
상경하지만 병세가 악화되어 오사카로 돌아갔다.
병상에서도 창작을 멈추지 않았던 가지이는
1931년 5월 작품집 『레몬』이 간행되었으나
1932년 3월 24일, 서른한 살의 나이로 세상을
떠난다

가지이 모토지로 梶井基次郎

1901년 2월 17일 오사카大阪에서 태어났다.
기타노北野 중학교를 거쳐 1919년 제3고등학교
이과에 진학하지만 문학에 음악에 흥미를 느낀다.
1920년 9월에는 폐첨카타르 진단을 받고 학교를
떠났다가 11월에 복귀했다. 문학에 대한 관심으로
1922년부터 습작을 시작했고, 동시에 5년 만에
고등학교를 졸업했다. 1924년 도쿄제국대학
영문학과에 입학하고, 나카타니 다카오中谷孝雄
등과 동인지 《푸른 하늘靑空》의 창간을 준비한다.
같은 해 객혈과 이복 여동생의 죽음을 겪으며 극히
예민해졌다. 1925년 1월 《푸른 하늘》 창간호에
「레몬」을 발표했다. 1926년 양부터 1년 동안
요양을 위해 이즈伊豆의 유가시마湯ヶ島온천에
머물렀다. 그때를 계기로 가와바타
야스나리川端康成를 비롯한 문인들과 교유한다.
1927년 6월 《푸른 하늘》은 폐간되었다. 1928년에
상경하지만 병세가 악화되어 오사카로 돌아갔다.
병상에서도 창작을 멈추지 않았던 가지이는
1931년 5월 작품집 『레몬』이 간행되었으나
1932년 3월 24일, 서른한 살의 나이로 세상을
떠난다

호랑이 사냥

나카지마 아쓰시 단편선　안민희 옮김

정체를 알 수 없는 불길한 번뇌가 끊임없이 나의 마음을 줄곧 압박하고 있었다. 초조함이라 해야 할지 혐오라 해야 할지 이것에는 나를 예속하게 한 시 한 구로도 전혀 아무런 충 있었다. 어떤 아무튼다는 시 한 구도 전혀 알 수 없이 살아갔다. 뭔가가 나를 거의에 앉아 있어 무력해 한다. 그리하여 나는 온종일이 거의 거짓을 흐리고 있었다.

호랑이 사냥
나카지마 아쓰시 단편선　안민희 옮김

えたいの知れない不当な
俺が私の心を始終おさえ
つけていた。しょうそ
う焦躁と言おうか、嫌悪
と言おうか——酒を飲人
対あたに心倍酔つかのよい
かあるように、酒を毎日
飲人でいると倍酔に相当
した時期がやって来る。

북노트

虎狩　私は虎狩の話をしようと思う、虎狩といってもタラスコンの草堆タルタラン氏の獅子狩のようなふざけたものではない。正真正銘の虎狩だ。場所は朝鮮の、しかも京城から二十里位しか隔たっていない山の中　というと、今時そんな所に虎が出て堪たまるものかと云って笑われそうだが、何しろ二十年程前話は、京城といっても、その近郊東小門外の牛山牧場の牛や馬がよく夜中にさらわれて行ったものだ。もっとも、これは虎ではなく、豹という奴おおかみの一種にとられるのであったが、とにかく郊外の夜中の独り歩きはまだ危険な頃だった。次のような話さえある。東小門外の駐在所で、或る巡査が一人組に向っていると、（急に恐ろしい音を立ててガリガリと人口の硝子ガラス戸を引掻くものがある。びっくりして眼をあげると、それが、何と驚いたことに、虎だったという。虎が　しかも一匹で、後脚であとして立ち、前肢の爪で、しきりにガリガリやっていたのだ。巡査は顔色を失い、早速部屋の中にあった丸太棒を門かんぬきの代りに扉にあてがり（たり、ありったけの椅子や卓子を扉の内側に積み重ねて入口のつっかい棒にしたりして、自身は佩刀を構えたまま生きた心地もなくふるえる顔ふるえていたという、が、虎共は　時間ほど巡査の動きも待やせたのち、やっと諦めて何処とかへ行って了まった、というのである。

호랑이 사냥

나카지마 아쓰시 · 단편선
안민희 옮김

虎狩　私は虎狩の話をしよう
てもタラスコンの英雄タルタ
よふざけたものではない。
ただ、場所は前の
かも京城か
一年位しか

虎狩といっ
虎子狩のよう
いうと、

붇노드

檸檬　えたいの知れない不
心を始
焦躁と、うか、嫌悪と言おうか
飲んだあとにふ�眠酔つかよい

레몬

가지이 모토지로 · 단편선
안민희 옮김

붇노드

見て、「うん、おやじはまだ仕入れから帰らないし、ばあさんは
ちょっといまそこまでお菓子のほうにいきましたけど、いません
か？ゆうべは、おいでにならなかったの？」来ました、椿屋の
さっちゃんの顔を見たいとこのごろ眠れなくなってね、十時すぎに
ここへ来ているのに。いましがた帰りましたというのでね」「それ
で？」「消っちゃいましたよ、ここへ、雨はぜんざ降っているのでね」「あ
たし、こんどこの、このお店にずっと詰めてもらう事にしようか
しら。」「いいでしょう。それも。」「そうするわ、あの家をいつまで
も借りているのは意味ないもの。」夫は、黙ってしまった新聞に眼をそそ
いで、「やあ、また僕の悪口を書いている。エピキュリアンのにせ貴
族だってさ。こいつは、当っていない。神におびえるエピキュリア
ン、とでも言ったらよいのに。さっちゃん、ごらん、ここに僕のこ
とが書いてあります。違うよね。僕は今だから言
うけれど、去年の暮にね、ここから五千円持って出たのは、さっ
ちゃんと、あのお金で久し振りのいいお正月をさせたかった
からで、一人非人でないから、あんな非も仕出かすのです」私は椿
倒されしてもらく、「人非人でもいいじゃないの。私たちは、生き
てさえすればいいのよ」と言いました。

JP.00001
ISBN 978-11-86561-67-4 04830
ISBN 978-11-86561-56-6 04

人間椅子

ところが、近頃になりまして、私の心にある不思議な変化が起りました。そして、どうしても、この手紙...しないではいられなくなりました。

人間椅子

ただ、かように申しましたばかりでは、色々御不審に思召しめす点もございましょうが、どうか、兎も角も、この手紙を終りまで静読み下さいませ。そうすれば、何故、私がそんな気持にになったのか、又何故、この告白を、殊更奥様に聞いて頂かねばならぬのか、それらのことが、悉く明白になるでございましょう。さて、何から書き初めたらいいのか、余りに人間離れのした、奇怪千万な事実なので、こうした、人間世界で使われる、手紙という様な方法では、妙に面はゆくて、事の鈍るを覚えます。でも、迷っていても仕方がございません。兎も角も、事の起りから、順を追って、書いて行くことに致しましょう。

私は生れつき、世にも醜い容貌の持主でございます。これをどうか、はっきりと、お覚えなすっていて下さいませ。そうでないと、あなたが、この無躾な願いを容れて、私にお逢い下さいました場合、たださえ醜い私の顔が、長い月日の不健康な生活の為に、一目見られぬ、ひどい姿になっているのを、あなたに見られるのは、私として、余りに情ないことでございます。私という男は、何と因果な生れつきなのでありましょう、そんな醜い容貌を持ちながら、胸の中では、人知れず、世にも烈しい情熱を、燃していたのでございます。

私は、お化のような顔をした、その上極く貧乏な、一職人に過ぎない私の現実を忘れて、身の程知らぬ、甘美な、贅沢な、種々様々の「夢」にあこがれていたのでございます。

이후에 나온 《인간 의자》와 《비용의 아내》는 매우 헤 맸던 책이다. 너무나 유명한 내용임에도 불구하고 앞의 두 권과의 텀이 있어서 그런지 다시 새로운 마음으로 시작하는 기분이었는데, 하는 것마다 마음에 들지 않아 넘겨야 하는 상황에서도 찝찝한 기분을 떨쳐 버릴 수가 없었다. 다행인지 아닌지, 일정이 조금 미뤄지면서 다시금 초심으로 돌아가 책을 완독하고 나서야 《인간 의자》가 나오게 되었다. 섬뜩하고도 재치 있는 반전에 나도 모르게 그 의자에 앉은 기분이 드는 것이 포인트였는데, '정말 사람이 의자 안에 앉아 있을 수 있을까?' 여러 번 상상해 보다가 어두운 색을 쓰기보다는 광기에 가까운 네온 핑크와 무거움을 주는 금별색의 조합으로 이미지를 만들었다. 《비용의 아내》는 드라마로도 여러 차례 보았던 터라 어찌 보면 영상을 통해 남아 있는 느낌이 영향을 주었을 것 같다.

이렇게 네 권의 책이 나왔다. 그래픽으로 어떤 느낌을 표현한다는 것은 쉬워 보이지만 가장 어렵다는 것을 매번 느낀다. 처음에 생각했던 비우는 콘셉트로 갔다면 조금 편했을까? 디자이너 사이에서 말하는 '편함'이 무엇인지 아마 서로 이해할 테지만, 사실 '쉬운' 디자인은 하나도 없는 것 같다. 그럼에도 불구하고 그만큼 고민을 많이 했기에 인쇄된 책을 받아 볼 때 기쁨이 가장 큰 책 중 하나이다.

시대를 대표하는 본문 활자는 있지만
대물림할 만큼의 한글 활자는 아직 없다.
지금 당장 뛰어들어도 여유치 않다.
종이책의 시대가, 연필 자국이
손에 패일 때까지 필기하던 향수를 지닌 독자가,
어려서 붓과 먹과 손글씨에 익숙한 환경에서
자란 세대가 모여서 당대의 감수성으로
만들어 낼 수 있는 것이 있다.

"닭이
먼저인가,
달걀이
먼저인가"를
엿듣는
병아리의
마음

심우진
산돌 연구소장

춤추는 임계선

　　강연 내용을 조정하는 과정에서 종이책과 전자책을 다뤄 달라는 요청을 받았어요. 어려운 주제잖아요. 관심이 없는 건 아니었으니 일단 수락하기로 했죠. 곰곰이 생각하다 보니 마치 병아리가 된 기분이 들었어요. 세상은 닭이 먼저인지 달걀이 먼저인지를 논하는데…. 그럼 '(그 사이에 낀) 난 뭐지?' 하는 마음이랄까요. 달걀에서 태어나 닭이 되고 언젠가 달걀을 낳게 될 병아리에게 이런 논의가 얼마나 황당하게 들릴까. 도대체 전자책은 뭐고, 종이책은 뭐며, 굳이 이 둘을 비교해서 얻는 건 뭘까…. 물론 정체성을 따져 보자는 진중한 논의겠으나, 흔하디흔한 진영 논리로 끝나 버릴 수도 있죠.

　(1)　1995년에 《디지털이다》(Being Digital)라는 책이 출간되면서, 디지털에 대한 관심과 함께 공포도 증폭됐어요. 보이지 않는 쓰나미가 몰려오는 거죠. 대학 시절, 저자인 니콜라스 네그로폰테가 서울로 강연을 왔어요. 멋모르고 같은 과 친구들과 우루루 몰려가 들었는데 전혀 알아듣지 못했어요. 세상이 크게 바뀐다는 얘기로만 들렸죠. 돌아오는 길에는 종이책이 정말 사라지냐 마냐는 둥의 얘기를 주고받았던 것 같고요. 미래에 대한 밑도 끝도 없는 불안은 그
　(2)　때부터 시작됐죠. 일본에 〈책과 컴퓨터〉(本とコンピュータ)라는 계간지가 있었어요. 패러다임의 경계를 논하는 멋진 잡지였거든요. 하루는 학창 시절 교수님이 그 잡지 편집장을 만나 물어봤대요. 종이책 어떻게 될 것 같냐고. 그랬더니 "넌

《디지털이다》

《책과 컴퓨터》 종간호

어떻게 될 거라고 생각해?"라고 되물었대요. "글쎄, 물성도 있고 하니까 대체하기 어렵지 않겠어?" 하니까 "그럼 그렇게 해" 그랬대요. 황당한 대답인데, 선생님은 한 방 맞은 기분이었다고 하셨죠. "쓸데없이 고민했구나, 그냥 하면 될 걸…" 그 말이 저에게는 굉장히 와닿았고, 오랫동안 저를 지지해 주는 중요한 사건이 되었습니다. "그냥 하자."

솔직히 지금은 달라요. 그냥 할 수 없는 상황이 된 거죠. 그 잡지도 2005년에 폐간했어요. 앞으로는 디자인을 포함해서 여러 가지 익숙한 것들이 압축될 것 같아요. 그때 고민은 그때 가서 하자며 지내왔는데 그때가 온 거죠. 정점을 찍은 후 완곡한 하락세를 보이다 뚜렷하게 곤두박질치는 거죠. 이 흐름과 속도를 감지하더라도 앞으로 뭘 어떻게 해야 할지를 알아내기는 참 어렵죠. 하나가 사라지면 다른 하나가 생겨나야 단순한데, 여럿이 사라지며 씨앗만 뿌릴 뿐이니, 어디서 어떤 이종교배가 나타나 새로운 문화를 만들어 낼지는 알기 어려우니까요. 어쨌든 그런 사연으로 이런 요상한 제목을 떠올렸어요.

복잡한 무언가를 두 부류로 나눠 보면 재밌어요. 마치 "한 번도 안 먹어 본 사람은 있어도, 한 번만 먹은 사람은 없다" 식의 말처럼, 세상을 양분하는 거죠. 어려운 문제에 쉽게 다가갈 수 있으니까요. '패러다임의 변화를 겪은 디자이너와 그렇지 않은 디자이너', 얼마 전에 동료 디자이너와 나눈 이야기예요. "나이 들어서 다시 책을 보니 잘못 알고 있던 게 많더라. 선생님이 이건 이런 거고 저건 저런 거야 해서 그런가 보다 했는데, 이제 보니 선생님도 제대로는 몰

랐던 것 같아. 이런 말을 하는 거 보니 우리도 이제야 조금은 알게 됐나 봐. 무언가를 알려면 적잖은 시간이 걸리는 거구나. 그런데 이렇게 차곡차곡 쌓은 지식과 경험이 금세 헌 것이 되어 버리는 시대구나. 패러다임이 바뀌는데, 축이 바뀌고 있는데 이 파도를 무사히 넘기는 게 쉬운 일이 아니구나. 처음 디자인을 배울 때보다 지금 더 큰 용기와 힘이 필요한 듯해. 아… 이걸 넘긴 사람은 얼마나 될까…. 붙잡고 물어보기도 창피하고 말이지."

새것은 생경하고 경박해 보이죠. (왠지 좋아 보여 샀더니 빛 좋은 개살구였던) 새것들의 배신이 누적된 중장년층일수록 그렇죠. 괜히 트집 잡고 싶기도 하고요. 그러나 그걸 수용하며 발전을 거듭하잖아요. 물론 '패러다임이 바뀌는 상황'을 맞닥뜨리면 생각이 많아지죠. 다시 진로를 고민하는 고등학생이 된 기분, 얼마나 막막해요. 용기 내서 신나게 좌충우돌해야 하는데 몸도 마음도 만만치 않으니 적절히 타협을 하죠. "분명히 전조라는 게 있을 테니 기다리며 차근차근 준비하자", 그러다 뜨악하는 거죠. "이런, 이미 지나갔잖아!" 당연한 얘기지만 100미터 달리기의 총소리처럼 뚜렷한 시작은 애시당초 없었어요. 분명 다른 두 줄을 묶어서 이었는데 매듭이 안 보이는 이유는 뭐지? 이런, 내가 줄 속에 있었구나. 흐름을 보려면 현실에서 벗어나 조망해야 하는데 소용돌이 안에서 관찰했던 거죠.

이렇게 생각을 정리했어요. ① 일단 현실을 긍정도 부정도 하지 말고 흥미롭게 바라보며 '관찰'하자. ② 시대와 본질을 살피자. ③ 여러 경계를 기웃거리며 정보를 모으자.

④ 너무 멀리 가진 말자(감당할 만큼에만 집중). ⑤ 겁 없이 부딪히되 답을 찾지는 말자. ⑥ 답은 은퇴할 때 나오니 서두르지 말자(중요한 건 소계가 아닌 합계).

시대의 고찰―시작

당대의 문제(환경―상황―의식―행동)에 대한 고찰이 얕으면, 다음 시대는 더 어려워질 거예요. 분명 다른 시대지만 전과 후는 이어져 있으니까요. 그러니 다음 시대를 맞기 전에 당대를 살피는 것이 중요하죠. 예를 들어 납활자에 대한 고찰이 얕으면 디지털 활자를 알기 어려워요. 본문 활자에 대한 고찰이 얕으면 전자책용 활자를 알기 어렵고요. 전성기에 응당 해야 했던 고찰이 얕으면 다음으로 넘어가기 어렵죠. 당대의 정의가 얕으면 다음 시대와의 구분도 어려울 테니까요. 물론 이런 생각이 위험할 때도 있어요. 한 시대의 성장 동력이 다음 시대의 발목을 잡는다는 말처럼, 무언가를 아주 잘 알거나 잘할수록 취하고 멈추어 가라앉을 수 있잖아요. 요즘 꼰대라는 말 많이 하죠? 아쉽지만 저도 그렇게 되고 있어요. 빗겨 가기 어렵구나. 그래서 이런 말을 생각해 봤어요. 꼰대율. 이거라도 낮추거나 늦춰 보자. 그러려면 내 위치를 알아야 하고, 그러려면 흐름을 읽어야 하겠다. 결국 '고찰'이란 흐름을 감지해서 변화의 파도를 넘기 위해 몸을 가벼이 하는 것이죠.

그저께(2019년 5월 15일) 산돌에서 2년 4개월 동안 진행한 본문활자 '정체'의 제작 과정과 결과를 발표했는데요.

③

정체 발표회

왜 이런 일을 벌였는지 설명하기 위해 고민하다가, '시대의 고찰'이란 말을 떠올렸어요. 제대로 된 본문 활자를 만들자는 제안을 받고 1년 동안 몰입해서 두 종을 만들었는데, 기쁨보다는 아쉬움이 크더군요. 저는 외부 디렉터였고 1년 계약을 했는데, 이번 해로 프로젝트가 끝나 버리면 절대 안 될 것 같았거든요. 이 정도는 개인 디자이너도 충분히 할 수 있는 일인데, 산돌은 한국에서 가장 크고 오래된 활자 회사란 말이죠. 역사와 규모에 맞는 프로젝트를 진행해야 한다고 생각했어요. 개인이나 소규모 스튜디오와 경쟁하지 않는 게 건강한 기업의 자세니까요. 비용을 대충 추측해 보니 1년에 2억은 훌쩍 넘겠더라고요. 제대로 만들려면 못해도 3년 이상은 필요했고요(그럼 6억이죠). 그래야만 첫째 해, 둘째 해, 셋째 해의 목표를 세워 차근차근 쌓아 올릴 수 있으니까요. 이후에는 다른 분들이 이어 갈 수 있는 토대가 마련되니 기쁘게 마무리할 수 있겠다 싶었죠. 개인은 도저히 할 수 없는 규모라는 것도 확실해지고요.

고민 끝에 기습 PT를 했어요. 바흐, 모차르트, 베토벤 이야기를 했죠. "클래식은 왜 항상 그들일까. 어째서 현대 작곡가는 그 정도의 반열(초등학생도 알 만큼)에 오르지는 못할까. 어쩌면 고전의 성립조건이 몹시 까다로워서일지도 모른다. '공동체가 정체성 유지를 위해 대물리는 유산'으로 고전을 정의한다면, 이걸 만드는 건 개인의 의지 밖의 일이다. 우리가 의기투합하여 제대로 된 본문 활자를 만든다 해도(이것조차 매우 어렵지만), 출판 시장이 건재해야 하고, 뛰어난 저자 – 편집자 – 디자이너 – 마케터가 이 활자로 책을 잔뜩 만들어야 하거니와, 많은 사람이 그 책을 사서 읽어야 하며, 다양한 담론을 거쳐 명성을 쌓아 업계의 대세가 되어 한 시대를 풍미한다 해도 고전이 될까 말까다. 시대를 대표하는 본문 활자는 있지만 대물림할 만큼의 한글 활자는 아직 없다. 지금 당장 뛰어들어도 여유치 않다. 종이책의 시대가, 연필 자국이 손에 패일 때까지 필기하던 향수를 지닌 독자가, 어려서 붓과 먹과 손글씨에 익숙한 환경에서 자란 세대가 모여서 당대의 감수성으로 만들어 낼 수 있는 것이 있다." 여기서 시대의 고찰이란 말을 떠올린 거예요.

"어쩌면 지금이 지난 50여 년간의 읽기와 쓰기의 경험을 제대로 축적한 고전을 만들 수 있는 마지막 시대일지도 모른다. 제대로 만들려면 고전을 만들자. 만일 성공한다면 다음 시대의 타이포그래피는 훨씬 유연하게 디지털 생태계에 집중할 수 있다. 활자를 만드는 회사는 크게 둘로 나뉜다. 고전을 만든 회사와 그렇지 않은 회사. 활자와 종이책의 미학이 빠르게 사라지고 있다. 사라지는 속도만큼 떠오르는 무언가도 뚜렷치 않다. 더 늦기 전에 제대로 된 걸 만들어 보자. 보이는 것이 달라지고, 할 수 있는 것이 달라질 것이다"라는 주장이었어요.

기둥 갈기

누구에게나 판단과 행동의 기준으로 삼는 '상식'이라는 게 있잖아요. 그걸 부정당하면 모욕을 느끼죠. 정체성의 일부니까요. 디자이너도 각자 상식이 있어요. 그걸 기둥으로 빗대 봤어요. 왠지 일을 해내는 속도와 수준이 예전만 못하다는 느낌을 받는다면, '부지불식간에 작동하는 시스템'을 갈아야 하는 때가 온 것일지도 몰라요. 구식이 되어 가는 느낌. 굴욕적이지만 그게 맞다면 어금니 꽉 깨물고 움직여야죠.

저는 비교적 여러 가지 일을 해왔어요. 10년 전 마지막 회사를 나와 독립해서 지내는 동안 '클라이언트가 내 먹살을 쥐고 있구나'라고 느낀 적이 종종 있어요. 100원 받고 일하기로 했는데 70원만 줘요. 30원은 다음 일할 때 챙겨 줄게, 이렇게 징검다리를 놓는 거예요. 참 답답하더라고요. 남은 돈을 마저 받으려면 염가로 다음 일을 해야 하죠. "디자인보다 돈 받는 게 더 힘들어. 학교에서 돈 받는 법도 가르쳐야 해"라는 사람도 있더군요. 미수금. 속상해요. 오죽하면 채권 추심(떼인 돈 받아 내기)을 "단계별, 상황별 협상 기술, 적확한 법 조치가 필요한 종합예술"이라고 말하는 법무사무소까지 나오겠어요. 무튼 흥미로운 분들을 두루 만나며 여러 갈래로 일을 하지 않으면 위험하겠다 싶었죠. 전략적으로 제 삶의 포트폴리오를 짠 건 절대 아니에요. 어떻게든 뜻깊게 먹고살려다 보니 디자인도 하고 강의도 하고 연구도 하고 출판도 하며, 여러 경계를 오가는 박쥐 같은 삶을 살게 된 거죠. 들어오는 일 마다할 수 없었고 여기저기 제안도 많이 했어요. 그렇게 정신없이 5년을 살다 보니 어느새 이런 패턴이 익숙해지면서 튼실한 비정규직 수입 구조가 만들어졌어요. 벌이도 좋아졌죠. 눈치 보지 않고 좋아하는 일에 몰두할 수 있는 삶에 대한 만족감도 컸고 꾸준히 성장하고 있다는 느낌도 받았어요.

아 드디어 틀이 잡혔구나, 이렇게 계속 사는 것도 나쁘지 않겠다 했는데, 한편으로는 어느덧 안주하고 있더군요. 구식이 되어 가는 느낌을 받은 거죠. 삶의 균열. 좋아하는 단어예요. 적당한 긴장 상태가 유지돼야 계속 건강할 테니까요. 최근의 기둥 갈기는 앞서 말씀드린 산돌에 입사한 거예요. 외부 디렉터에서 직원이 된 거죠. '활자도 만드는 북디자이너'에서 '책도 만드는 활자디자이너'가 됐죠. 책이나 활자나 거기서 거기겠거니 했는데, 완전 다른 세계더군요. 그렇게 뜨악하며 균열 8개월째(2019년 5월 현재)를 맞이합니다.

시대의 고찰―옛 책의 판식 탐구

이 글을 발표한 게 2013년이니 벌써 6년 전이네요. 한창 박쥐처럼 마구잡이로 일할 때예요. 동양의 책을 너무 모른다는 생각이 들어서. 맘먹고 6개월 동안 조사를 해서 타이포그라피 교양지 〈히읗〉이라는 잡지(7호, 2014)에 기고한 내용이에요. 돌이켜 보면 이익을 내려는 내용도 기획도 의지도 희망도 없는 대책 없는 프로젝트였어요. 하지만 굉장히 뜨겁고 행복했어요. 죽을 때 '아 그때 내가 좀 멋졌지~' 할 만한 거 하나쯤은 있어야겠다 싶어 벌이는 짓이죠. '멍청함이 도를 넘어 멋이 날 만큼 미친 세계'라고 할까요? 밥벌이도 해가며 모든 걸 쏟아부은 터라 고됐지만 그만큼 재미가 있으니 했겠죠. 덕분에 책을 보는 시야가 넓어져서 더

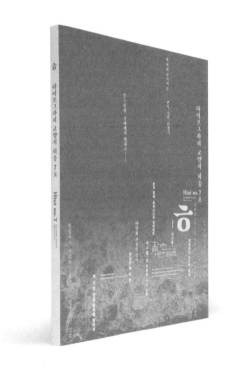

타이포그라피 교양지 〈히읗〉 7호 표지

욱 회화적이고 영상적으로 바라보게 되는 분기점이 됐어요. 종이책의 본질을 탐구하고 나름의 관점과 자세를 정리하려는 목적이었는데, 뿌리에 관한 것이다 보니 한국에서 나고 자라서 디자인하는 사람이라는 자각도 하게 됐고요. 앞서 말씀드린 시대의 고찰이죠. 석사학위를 북디자인으로 받고 줄곧 책을 디자인해 왔지만 그걸로는 여전히 부족했어요. 나만의 관점을 갖기에는요. 상식 만들기 같은 거죠. 전자책과 종이책은 노트북과 스케치북만큼 다른 거라고 생각하지만, 아직 전자책의 타자는 종이책인 것 같아요. 그래도 줄곧 읽기를 담당해 온 매체니까요.

자료 조사를 위해 도서관을 많이 다녔는데, 계속 수장고에 들락날락했더니 도서관 사서분이 뭘 찾냐더군요. 조선시대 레이아웃 관련된 자료를 찾는다고 했더니, 대뜸 "의그 그런 게 어딨어" 하시더군요. 네 정말 없었어요. 그래도 없다는 게 얼마나 없는 건지는 알아야 하지 않겠어요? 그나마 찾은 걸 모아서 발표한 거예요. 당시는 여러 역할을 맡는 것에 전혀 거리낌이 없었어요. 편집, 디자인, 집필까지 손을 댔으니 욕심이 과했죠. 피가 끓던 터라 겁도 없었고요. 디자인도 전위적이에요. 세련되거나 얌전한 디자인은 절대로 하기 싫었거든요. 거칠고 산만해도 기세등등한 무언가를 만들고 싶었어요. 점점 디자인이 공식처럼 비슷해지는 분위기를 절망적으로 받아들였던 것 같아요. 그리드도 꽤나 복잡하게 짜고 비정형적인 요소를 많이 넣었죠. 9단 그리드의 변형 운영인데 복잡해 보이지만 체계적인 시스템에 몹시 집착했던 것 같아요. sm신명조와 아리따돋움를 섞어 짰으니 꽤나 극단적인 선택이었죠. 라틴은 슬랩 세리프를 썼고요. 들여짜기도 없애고 단락 구분을 첫 문장만 다른 활자를 쓰는 것으로 대체했죠. 지금 보면 되게 민망해요. 분노의 조판이랄까요. 지금 봐도 여전히 분출하고 있네요. 활화산입니다.

판식 版式

조선시대에는 활판인쇄 장인이 많았다고 해요. 본문 주석을 인용할게요. "『경국대전』(經國大典) 공전(工典)에, 조선의 인쇄·출판 담당 관서인 교서관(校書館)의 장인과 인원수가 규정되어 있다. 쇠를 녹이는 야장(冶匠) 6명, 나무판에 글자를 새기는 각자장(刻字匠) 14명, 활자를 주조하는 주장(鑄匠) 8명, 활자의 기울기와 높낮이를 고르게 조판하는 균자장(均字匠) 40명, 판을 종이에 찍어 내는 인출장(印出匠) 20명, 나무에 그림을 새기는 조각장(雕刻匠) 8명, 나무를 자르고 다루는 목장(木匠) 2명, 종이를 마르는 지장(紙匠) 4명 등 총 8분야, 102명의 장인이 있었다." 주장은 연금술사죠. 금속활자니까요. 각자장은 아직도 활동하시는 분이 계세요. 인간문화재죠. 활자의 위치(기울기와 높낮이)를 고르게 조판하는 균자장이 조선의 타이포그라퍼죠. 이들 모두가 선배예요. 그런 인식이 중요하죠. 연을 놓지 않아야 공통점을 인지하여 흐름을 알아챌 수 있을 테니까요. 아무리 달라도 같은 게 있고 아무리 같아도 다른 게 있기 마련인데, 갈수록 경쟁이 치열해서인지 너무 다름에만 치중하는 것 같아요. 차이란 같음과 다름을 함께 보는 개념이니 다르기만 해서는 가치를 만들어 낼 수 없을 텐데요.

⑤　　판식(조판 방식)에는 여러 요소가 있어요. 신문 제호의 테두리도 ❶광곽이라는 옛 책의 형식 요소에서 온 건데요. 서양의 옛 책에도 똑같이 나와요. 많이 보셨죠? 굵은 줄과 얇은 줄로 테두리를 긋고 그 안에 타이틀을 넣잖아요. 금속 활자를 조판하려면 작은 활자 조각이 흩어지면 안 되기 때문에 판대기로 감싼 후 야무지게 동여매야 하거든요. 그 판대기를 장식 요소로 활용해서 찍어 낸 겁니다. 동서를 막론하고 나타나는 옛 책의 기본 요소죠. ❸어미(魚尾)는 말 그대로 물고기의 꼬리지느러미처럼 생겼죠? 제목을 위아래로 감싸는 괄호 역할도 하고, 접지선의 역할도 해요. 가운데 파인 부분을 기준으로 반으로 접는 거예요. 단면 인쇄를 하고 인쇄면이 바깥으로 오게 접는 거죠. 어미를 책 바깥쪽(책배)으로 오게 하고 반대쪽을 묶어 책을 만들기 때문에 서양책보다 인덱스 기능이 훨씬 뛰어나요. 책을 다 펼치지 않아도 제목부터 쪽 번호(책차, 권차, 장차)까지 다 나오거든요. 재밌죠? 어미도 광곽처럼 다양한 형식이 있어요. 화려했던 시기도 있고, 아주 담백했던 시기도 있고요. 단순하다가 꾸미다가 다시 기본으로 돌아가자며 담백해져요.

　　정보 요소도 재밌어요. ⓫권수제. 본문 첫머리에 넣는 제목이란 뜻이죠. 직지(直指)도 표지에만 넣은 약식 제목이고, 권수제에 들어간 제목은《백운화상초록불조직지심체요절》(白雲和尙抄錄佛祖直指心體要節)이에요. 그때까지만 해도 표지는 별로 안 중요했어요. 소중한 내지를 보호하는 역할이니 언제든 상할 수 있잖아요. 여전히 책의 본질은 내지에

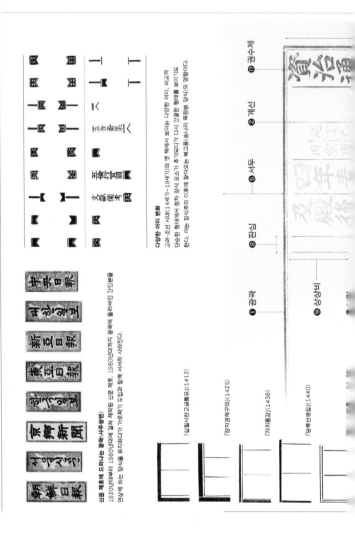

신문 제호에 드러나는 글꼴(서주성분)

1920년대부터 1960년대에 걸쳐 제작된 신문 제호. 1980년대까지 글꼴에 둘러싸인의 가이드를 연상케 하는 양식을 유지하다가 가로짜기 도입과 함께 서서히 사라진다.

다양한 어미 변화

고려·조선 시대(14세기~19세기)의 옛 책에서 보이는 다양한 어미. 비교적 단순한 형태에서 점차 장식 요소가 추가되다가 다시 간결한 형태를 띠어이도 한다. 이는 장서주의 이후에 찾아오는 복고풍(송나라 류의 양식)의 영향이다.

❶ 판광   ❺ 어미   ❻ 서구   ❷ 계선   ❿ 권수제

❽ 무료   ❾ 상상비

「동래선생교정의」(1412)

「향지경재구의」(1425)

「자치통감」(1438)

「당책선생법」(1440)

세종 시대의 활자본은 조선 활판 인쇄술의 절정기로, 당대의 교화전 기술을 도입하여 네모 반듯한 갑인자(甲寅字)를 주조하고 밀랍을 사용하지 않는 조립식 조판술을 개발하여 보다 빠르고 정연한 배자가 가능해졌다. 글자와 계선이 일체형이 아닌 조립식이므로 그 간격이 실제 벌어지는 특징이 있다. 두 번째 그림부터 조립식 조판본이다.

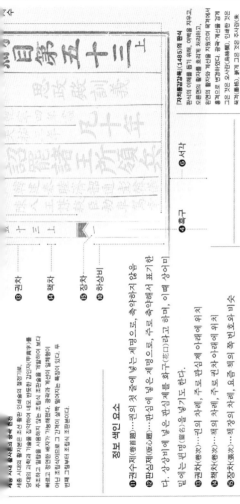

정보 색인 요소

⑪ **권수제(卷首題)**…권의 첫 줄에 넣는 제명으로, 축약하지 않음

⑫ **판심제(版心題)**…판심에 넣은 제명으로, 주로 축약해서 표기한다. 상상비에 넣은 판심제를 화구(花口)라고 하며, 이때 상어미 밑에는 편명(篇名)을 넣기도 한다.

⑬ **권차(卷次)**…권의 차례, 주로 판심제 아래에 위치

⑭ **책차(冊次)**…책의 차례, 주로 권차 아래에 위치

⑮ **장차(張次)**…책장의 차례, 요즘 책의 쪽 변호와 비슷

• **두주(頭註)**…서두의 위치한 주석. 조선 초기에는 독자가 붓으로 써넣은 것이 대부분이나, 후기부터 활자 조판한 게가 보이기 시작하며 일제강점기 교과서 등에서 활발히 사용되었다. 세로쓰기의 윗부분이 두드러지게 가로쓰기 권환과 함께 사라진다.

• **각주(脚註)**…서너자의 위치한 주석. 독자가 붓으로 써넣은 것이 대부분이며 옛 책에서 활자 조판한 예를 찾기 어렵다. 훗날 가로쓰기로 전환하면서 세로쓰기에서의 두주의 역할을 대체한다.

④ **독구** ⑥ **서각**

【자체훈민정음】(1485)의 판식
판서의 아래를 좁게 위해, 여백을 지우고, 오른편의 글자를 초려체 처리하고, 왼편의 글자와 계선을 지웠으며 덩치에서 활판으로 변경하였다. 왕체·계선을 갖게 그은 것은 오사란(烏絲欄), 얇게 그은 것은 주사란(朱絲欄), 인쇄한 것은 묵격(墨格), 얇게 그은 것은 주격(朱格), 두껍게 그은 것은 남사란(藍絲欄), 인쇄한 것은 청격(靑格)이라 한다.

활자 요소

⑯ **행자수(行字數)**…한 장에 포함된 '음출 수와 글줄당 글자 수' 이에 따라 판면 크기가 결정된다.

⑰ **주상항(註上行)**…한 글줄을 둘로 나누어 주석을 넣는 조판 방식으로, 정방형 활자에 배수 단위 크기 비례가 일반화되어도 남활자 시대에 한주(割註는 한 글줄을 여러 줄로 분할하여 삽입하는 수사)로의 진화 한다. 고딕 폭 활자를 사용하는 동아시아 특유의 조판 방식이다.

⑬ **권자**
⑭ **책차**
⑮ **장차**
⑯ **하상비**

있지만, 아무래도 디자인에 들이는 힘은 표지에 더 쏠리죠. 표지가 매출에 미치는 영향은 갈수록 떨어지고 있는데도 말이죠.

열 줄 스무 자짜리 판식입니다. 명나라 목판본(불경)의 형식을 일반화하여 원고지 형식을 만들었다는 설이 있습니다. 초기 형태인 400자(양쪽 각 200자) 세로쓰기 원고지를 보면 옛 책의 판식을 그대로 가져왔음을 쉽게 알 수 있습니다. 한편으로는 원고지가 근대 활판인쇄술의 형식에 맞추어 원고를 의뢰하기 위한 형식이라는 설도 있어요. 원고지에 원고를 작성하게 되면서 납활자 조판 효율을 크게 높였거든요. 그러니 둘 다 일리가 있어요. 당시 조판은 지금보다 품이 훨씬 더 들기 때문에, 미리 대략적인 판을 짜 놓고 원고를 의뢰할 수밖에 없었어요. 즉 조판 형식에 원고 형식을 맞춘 다음, 내용의 양을 맞추는 거죠. 그 측량 기준이 글자 수입니다. 원고료 지급 기준으로도 쓰고요. 지금도 원고료를 원고지 1매(200자) 기준으로 산정하잖아요. 우리에게 익숙한 원고지는 초기의 400자 원고지를 절반으로 줄여 만든 200자 원고지입니다. 200자 원고지는 가로로 쓸 수 있고 (90도 돌려서) 세로로도 쓸 수 있어요. 납활자 조판에서는 세로짜기와 가로짜기가 차지하는 면적은 서로 같았고, 활자도 그렇게 쓸 수 있게 만들었기 때문에 가능한 거죠. 원고지 작성법을 배운 분은 아시겠지만 번거로워요. 게다가 맞춤법까지 생각하면 가로짜기용 조판 규범과 세로짜기용 조판 규범을 따로 만들고, 그에 맞춰 각기 다르게 설계된 전용 활자를 구매해서 적용하는 일이 얼마나 번잡할지 알 수 있을 거예요. 단순하지 않으면 지키기 어렵거니와 그 비용을 모두 출판사가 부담해야 하잖아요. 요약하면, 글쓰기의 형식, 활자의 형식 모두 조판의 형식을 따랐고, 조판의 형식은 퍼블리싱(출판)의 의도를 따랐으며, 그 이면에는 출판비즈니스의 원가 절감 의도가 깔려 있습니다. 물론 시대가 바뀌어 가로짜기·세로짜기 전용 활자가 나오고 있어요. 물론 반가운 일이지만 함께 고민해야 할 문제도 있어요. 세로짜기에 대한 규범과 전통이 끊겼으니까요.

한편으로는 이런 의문도 나올 법하잖아요. 그럼 서양에서는 어떻게 측량했을까. 동아시아의 활자는 대부분 고정너비라 원고지를 썼다지만, 라틴 활자의 대부분은 글자너비가 서로 다른 비례너비(Proportional) 활자거든요. i와 w의 너비 차이가 대여섯 배는 되죠. 서양에는 타자기(type writer)가 있어요. 타자기 폰트를 보면 뭔가 감성적이고 촉촉하잖아요. 이 모양이 세상에 나온 사연 중에는 굉장히 기능적인 측면이 있어요. 모든 글자의 너비가 같거든요. 고정너비(Fixed 또는 Mono Space) 활자라고 해요. 타이핑하면 한 줄에 (타자기마다 스펙이 다르지만) 보통 60~70자가 돼요. 여기에 줄 수를 곱하면 자수가 나오죠. 그렇게 글줄당 글자 수, 쪽당 글자 수, 권당 글자 수의 측량이 가능한 거죠. 결국 타자기란 측량하기 좋은 활자(type)로 글을 쓰는 기계(writer)인 셈이죠. 내가 지면의 어느 정도를 지나고 있는지 살피면서 자연스레 마무리해야 할 시점을 (굳이 세지 않아도) 알 수 있어요. 디지털 텍스트 에디터도 측량 기능을 필수로 제공해요. 얼마나 남았는지 자연스레 알려 주는 느낌

2. 항자수(行字數)의 현대적 의미

글자량의 속칭 기준인 항자수는 손으로 쓴 글을 규격화하여 다른 매체로 옮기기 위한 기본 개념이다. '쓰기'가 타자기나 디지털 워드 프로세서 등의 '찍기'로 기계화, 전자화되는 흐름 속에서도 항자수는 매체와 매체를 잇는 초종 역할을 하고 가고 있다.

항자수와 원고지

판면당 글줄 수와 글줄당 글자 수를 가늠하는 주요 기준으로 삼는다. 타이포그라피에서는 '글줄당 글자 수'라는 비슷한 개념이 있다. 이들 모두 판면을 구성하는 글자 수를 속량한다는 점에서 닮았다. 판면을 짜기 위해서는 먼저 글자 수와 판면의 글자 수를 맞춰야 하므로 항자수 또는 글줄당 글자 수는 오늘날의 디지털 조판에서도 여전히 유효한 개념이다.

지는, 신문, 잡지, 단행본 등 대부분의 매체에서 글자 수 측량뿐 아니라 원고료도 산술 단위로도 사용되었다.

쓰기·펴기·짜기 순환

판식의 계산이, 필사本[3]에서 글을 베껴 쓸 때 글줄을 나란히 하기 위한 선(사선罫線), 괘선(罫線)에서 비롯된 것에서 알 수 있듯, 오랜 쓰기 양식은 짜기(복사)·짜기(활판)의 과정을 통하여 짜기 양식(판식)으로 전이되었다. 반면, 원고지는 쓰기 위해 짜기 양식을 들여온 경우로, 그 기원[4]은 충남이라 때

읽었다. 결국 원고지의 형식이는, '모아쓰기'과 세로쓰기를 기본으로 하는 동아시아의 쓰기 양식'과 이를 반영하는 '간인본의 짜기 양식'이 고스란히 담겨 있다고 할 수 있다.

원고지가 일본에서 처음으로 고안·사용된 시기에 대해서도, 여러 이견이 있으나 20세기 초반 인쇄·출판 업계에서 원고의 글자 수를 측량하거나 미리 짜여진 판식의 글자수에 맞게 원고를 작성토록 하기 위한 목적이었다는 점에는 이견이 없어 보인다.

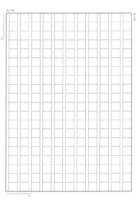

4. 「영조실록(英祖實錄)」의 판식과 400자 원고지
좌우 각각 20줄, 10자씩 글자수로 구성된 낱장 복판본과 이러한 판식을 본떠 만든 원고지

Copyfitting

Garamond is an Old Style typeface. Claude Garamond, who died in 1561, was originally credited with the design of this elegant French typeface; however, it has recently been discovered that this typeface was designed by Jean Jannon in 1615. Many of the present-day versions of this elegant typeface may be either Garamond or Jannon designs, although they are all called Garamond. This is a typical Old Style face, having very little contrast between the thicks and thins, heavily bracketed serifs, and oblique stress. The capital letters are shorter than the ascenders of the lowercase letters. The letterforms are open and round, making the face extremely readable.

Number of lines x characters per line = character count
555 characters (11 lines x 48 characters per line = 132 characters) x 648 characters

Comping

Garamond is an Old Style typeface. Claude Garamond, who died in 1561, was originally credited with the design of this elegant French typeface; however, it has recently been discovered that this typeface was designed by Jean Jannon in 1615. Many of the present-day versions of this elegant typeface may be either Garamond or Jannon designs, although they are all called Garamond. This is a typical Old Style face, having very little contrast between the thicks and thins, heavily bracketed serifs, and oblique stress. The capital letters are shorter than the ascenders of the lowercase letters. The letterforms are open and round, making the face extremely readable.

Chart for 11-point Garamond

미국의 그래픽 디자이너 데이비드 카랜더가 그 교보재인 제임스 크레이머가 그 홈페이지에서 전통 기술(Traditional Skills)이라는 제목으로 글자 수 계산하기, 적절한 '글줄당 글자 수'(CPL)와 글줄 길이'에 대한 등을 설명하고 있다.
designingwithtype.com

디지털 환경에서의 활자수

디지털 조판…어도비 인디자인(Adobe InDesign)의 조판 설정인 레이아웃 격자는 원고지에 쓰고 판을 짜는 과정을 디지털로 전환한 셈이다. 글줄당 글자 수는 W(글자 수; words) × L(글줄 수; lines)로 표기한다. 또한 상·하·좌·우 여백까지 글자 수 단위로 지정하도록 진화하였다(여백 단위로도 mm나 pt보다 글자수가 중요하다).

글줄당 글자 수의 단위…대털 문자 타자기의 후기 모델은 1인치당 12글자의 규격으로, 글줄 길이 6인치(152.4mm)당 72글자로 설정되었다. 여기에 여백을 포함하여 등장한 규격이 종이 규격이 US Letter(8.5인치×11인치)이다. 이후 72CPL(Characters Per Line)은 디지털 환경에서도 참고할 만한 전통 개념으로 간주된다. 한글 환경에서는 아직 6자 × 12 CPL에 대해 활발한 논의가 없지만, 신국판 단행본을 기준으로 보면 35CPL 전후가 될 법하다.

최신 아플리케이션…Writer Pro(Mac OS, iOS 전용 텍스트 에디터)는

行의 두 가지 발음…행, 항

한자 行에는 두 가지 발음이 있다. 타이포그라피 용어에도 行이 많이 쓰이는데 모두 '행'으로 읽고 있다.

- 行間…행간(글줄 사이)
- 行長…행장(글줄 길이)
- 行送…행송(글줄 보내기)
- 改行…개행(글줄 바꾸기)

그러나 전체 行은 行數의 行은 '줄'자이므로 '항'으로 읽어야 한다고 주장한다, 이를 확인하기 위해 行에 대한 한·중·일

〈한국 서지학〉 개정증보 2판, 천혜봉, 민음사, 2006

의 발음 차이를 조사해 보았다. 아래 표와 같이 각국의 行이 의미에 따라 다른 발음으로 구별하여 쓰고 있음을 알 수 있다.

중국에서는, '줄'의 의미로 사용된 行種의 경우에는 háng(항)으로, '가다'의 의미인 行事의 경우에는 xíng(싱)으로 다르게 읽는다. 일본에서도, gyō(교)과 kō(코)으로 다르게 읽는다. 그러나 한국에서는 모두 '행'으로 읽고 있다. 이미 한자의 대부분이 사전에서는 모두 '행'으로 읽고 있다. 이미 행으로 설명하고 있어 쉽게 바꿀 도리는 없지만, 확실하게 읽어 들 필요도 있다. 行간(行間), 항장(行長), 항송(行送), 개항(改行) 이 적화한 발음이다.

한자	의미	국가별 발음 차이		
		중국	한국	일본
行	줄	하양	항	교우
	다니다	씨잉	행	코우

위로부터, 어도비 인디자인의 레이아웃 그리드, IBM사의 포트란 코딩 용지(72CPL로 구성), Writer Pro의 '쓰기'용 인터페이스(64CPL로 구성).

(7)

을 얼마나 직관적으로 디자인하는가가 관건이죠. 실시간으로 그래프가 나오기도 하고 알림이 뜨기도 하죠. 물론 이런 사연과 별개로 타자기체 활자를 멋으로도 쓰기도 해요. 묘한 향수가 있으니까요.

그렇다면 라틴 활자의 주류인 비례너비 활자는 어떻게 측량했을까요? 당시의 인쇄소나 조판공은 각 납활자들이 차지하는 너비를 평균값으로 통계를 내서 표로 가지고 있었다고 해요. '이 활자를 9pt로 몇 자를 짜면 대략 이 정도의 공간이 필요해'라는 식이죠. 이걸 알아야 책의 쪽 수를 측량하고 조정할 수 있을 테니까요. 납활자 조판에서는 수작업이기 때문에 일단 착수하면 몇 자 갈아 끼우는 정도 이상의 수정은 굉장히 어려워요. 글줄이 밀리면 일도 커져 비용도 올라가고 마감도 늦춰지니까요. 따라서 지금보다 조판 전에 할 일이 많았죠. 검수와 교정이 엄격했고 디자이너와 조판공도 체계적인 설계와 계산에 능해야 했죠. 그렇게 '신속 정확'을 추구하며 발전한 시스템이 디지털 조판 어플리케이션에 고스란히 흡수됩니다.

인디자인 화면이에요. 이건 IBM에서 쓰던 측량 포맷 ⑦ 이고요. 이건 잘 만든 텍스트 에디터로 손꼽히는 IA 라이터의 UI입니다. 공통점은 측량입니다. 이렇게 본질은 이어지지만 사람들의 사고와 일하는 방식은 크게 변한 것 같아요. 옛날 사람들은 측량의 중요성을 자연스레 알 수 있었지만, 요즘은 수정이 쉽다 보니 불완전한 원고로 조판을 맡긴 후 수정을 남발하게 됐죠. 일본의 북디자이너 스즈키 히토시(鈴木一誌, 1950~)가 쓴 《북디자이너 스즈키 히토시의 생활

文化

アート＆エンタ

デザイン季評　デジタル化で失ったもの

生井英考

先月上梓された『ブックデザイナー鈴木一誌の生活と意見』（誠文堂新光社）を面白く読んだ。

2005年から昨年末までの12年間に書かれたコラムやエッセイ、アンケートの回答まで集めた短文集で、正面切ったデザイン論ではない。しかし折々の雑感をちらほら見えいての感想がちらほら見え

ブックデザイナー
鈴木一誌の
生活と意見

かつて雑誌編集などの現場では①記事の版を削り付け、②誌面の原稿などの版下を「中ヌキ」にした。と鈴木はいう。

たとえば巻頭の05年の章では、当時グラフィックデザイナーを悩ませた、パソコンソフトを使うDTP（デスクトップ・パブリッシング）につ

クトを具体物に設計（デザイン）すると、やさしい指定を書きこんだ白黒の版下を前に編集者は想像力を働かせ、自分の意図を伝えようとデザイナーに原稿作業を受注する下請けだった。その過程全体を統括し、編集者の企画（プロジェ

DTPで最後まで仕上げた複数の

装丁案の提示が容易になると、編集者がいつしか「目の前に気に入った品物が現れるのを待っている消費者」だったのである。

この話、「見覚えがある」と思うのは筆者だけだろうか。

実は80年代半ば、家庭用ファクスで原稿やゲラを送るのが当たり前になるにつれ、物書きと編集者の喫茶店のテープえる」と編集者の喫茶店のテープきと編集者の喫茶店のテープきと電子書籍が現れた。その延長にするオンデマンド出版の時代には、その都度装丁を変販売するオンデマンド出版の

鈴木はもっと近年の文章で、かつてのモダンデザインは「時間を止めた造形」を目指したと述べている。グラフィックであれ、プロダクトであれ、「造形とはひとつのかたちを選びとる行為」であり、「決断されなどつのかたちという簡潔さと言えよう。

しかし注文に応じて製本、販売するオンデマンド出版の時代には、その都度装丁を変販や「重版」の概念すら消長」にもなり、そうとはきこそ、現実が流行に追いつきこそ、流行が廃れたとも言うまでもなくなった流行語「ポストモダンード」がいまではおとなにもなった流行語「ポストモダンない。

〈立教大教授・アメリカ研究〉

과 의견》(ブックデザイナー鈴木一誌の生活と意見, 2017)이 〈요미우리 신문〉(2017년 8월 31일)에 '디지털화로 잃은 것'(デジタル化で失ったもの)이라는 평론에 소개된 적이 있어요. 요약하자면, (1990년 후반부터 보급된) DTP 이전의 편집자는 편집 의도가 담긴 디자인을 위해 디자이너와 굉장히 긴밀하게 논의했으나, DTP 이후에는 눈앞에 있는 물건 중 마음에 드는 걸 고르는 소비자로 전락했다는 거예요. 제 해석을 덧붙여 풀이하면, ① 현재를 확정하지 못하면 다음으로 넘어가기 어려운 프로세스였기에 '사전에' 정확한 합의가 필요했고, ② (모니터가 없으니) 레이아웃 설계와 스펙만 보고도 책의 모습을 머릿속에 그려 낼 수 있었기에 '사전에' 깊은 논의를 나눌 수 있었다는 거죠. 지금은 디자이너가 완성 아닌 완성을 해서 모니터로 보여 줘야 대화가 시작되니, 긴밀한 논의가 희박해지고 납득하기 어려운 수정이 늘어났죠. 그러다 보니 디자이너도 도전과 실험보다는 손쉽고 무난한 방법을 선호하게 되고요. 출판 의도를 반영한 디자인보다 결정이 쉽고 수정이 편한 디자인을 우선하는 거죠. 세상에 단순한 디자인이 늘어나는 이면에는 이런 사정도 있어요. 트렌드라면 트렌드죠.

⑧

원근

여백 보시면 윗 여백이 아래보다 넓잖아요. 동양 판식의 특징이에요. 거의 예외가 없어요. 이토록 뚜렷하게 유지되는 규범이 드물다 보니 몹시 흥미롭고 궁금했어요. 왜일

⑨

까요? 시간을 두고 곰곰히 생각해 보니 '판식을 보는 느낌'과 '수묵화를 보는 느낌'이 비슷하더군요. 한자를 보아도 '서'(書) 자랑 '화'(畵) 자랑 비슷하고요. 이 두 자의 공통분모가 붓 '율'(聿) 자예요. 붓을 잡고 있는 손을 본뜬 상형자죠. 동아시아는 쓰기와 그리기의 도구가 같아요. 얼핏 생각하면 당연한 듯하지만 서양은 기본적으로 쓰기는 펜(pen), 그리기는 붓(brush)이죠(물론 큰 글씨에는 납작붓을 쓰기도 했지만 기본적으로는 확실히 구분했어요).

동양에서는 시서화(詩書畵)가 한 벌이었잖아요. 시는 노래고 서는 악보며 화는 무대예요. 즉 자연에서 노래 부르는 풍경을 그린 겁니다. 서화동원(書畵同源)이라는 말도 있어요. 그리기와 쓰기의 뿌리가 같다는 뜻이에요. 이제는 판식에 보이는 하늘(위 여백)이 넓고 땅(아래 여백)이 좁은 회화적 구도가 자연스레 이해가 되죠? 일본에서는 지금도 책의 판면을 따질 때 윗 여백을 하늘(天), 아랫 여백을 땅(地)이라고 지칭합니다.

동아시아 판식의 또 한 가지 재미난 요소는 바깥여백이 없다는 점이에요. 위아래만 선명한 여백이 있고 판면은 가로로 이어지며 주욱 흘러갑니다. 일종의 파노라마(panorama, 회전화)죠. 이렇게 회화와 판식은 같은 질서, 같은 미학으로 서사 구조를 나타냅니다. 가로로 스펙트럼이 주욱 펼쳐지는 건, 풍경 사진이나 영화도 마찬가지죠. 영상미의 기본 형식은 가로로 긴 프레임이잖아요. 책을 세는 단위인 '권'(券) 자도 두루마리를 뜻하고요.

서양의 옛 책은 어떨까요? 제 눈에는 그들만의 회화성

2. 여백

판면이 정해지면, 판형 안에서의 판면
위치를 잡는다. 멀리 말하면 이는 여백 양의
조절이다. 상하좌우의 여백에 따라서 지면의
물림은 다른 양상을 띤다. 위가 넓고 아래가
좁으면 안정을 조장하는 느낌을, 넓은 쪽의
방향을, 좁은 쪽은 수축의 느낌을 주며 지면의
방향성과 운동감을 만든다.

11. 세로 결의 양식…시서화가 모이는 곳, 병풍

병풍은 흐름, 펼침감과 크고 길쭉한 방식이며, 시서화를 왼쪽에서 부터 오른쪽으로 펼쳐지
세로 결 양식이라는 동아시아 예술의 정체성을 찾을 수 있다.
[일야관앵도, 고산구사화원 제3권], 김홍도, 1803

가로 흐름 서사 연속성

동아시아의 옛 책은 바깥 여백이 없다. 앞 뒷 면이 하나의 판면 이
로 구성되므로 여백은 위, 아래, 안쪽 세 군데에만 존재하는 특
징을 찾는다. 펼쳐지는 '세로 쓰기'이지만 글줄은 왼쪽 면 '을 '가
로 펼친10(마치 구성이 담 넘어가듯) 다음 면으로 이어진다, 이렇게
가로로 병창하는 흐름은 '한 이야기가 끝나가 끝나는 전자
본(두루말이 책)의 서사적 연속성의 양식을 계승하고 있으며, 평
화한 구각가움을 느끼게 하는 산수화나 풍경 사진의 가로 편형인

《총유도병도(叢遊陶屛圖)》,
8편, 1447

9. 동아시아 옛 책의 지면 구성
마치 앞 책도(두루말이 책) 안 아래 맞닿은(평형)

7. 에밀 루더(Emil Ruder)의 면(plane)의 활성화
하얀 지면에 여러 배치하는 순간, 정적을 깨고 생명력이 태동하기 시작한다.

8. 동아시아의 옛 책의 지면 구성

인 의도를 엿볼 수 있다.

반면, 서양의 옛 책은 바깥 여백과 아래 여백이 넓게 잡혀 있고, 안쪽 여백이 좁아, 중앙 집중적인 독서 구도를 갖고 있다. 이러한 양식은 일본식 근대 활판술로 유입되어 우리나라에도 큰 영향을 미쳤고, 현재 우리는 서양식 판면을 따르고 있다.

세로 중심의 직립 힘

옛 책의 판면의 결은 세로이다. 세로는 일상에서 서 있는 사람에서 흔히 볼 수 있는 형태이다. 함을 빼고 누워있는 것과는 달리, 중력을 거슬러 다리와 등허리에 함을 주고 직립해 있는 것이 단듬어내는 세로 결 조형은 기본적으로 힘찬 형태를 띠며, 빠르게 이목을 끌어당겨하는 포스터가 세로 판형인 이유와도 일맥상통한다. 지면이 세로 결 조형의 활력을 머금어 내부 에너지가 커질수록 이를 둘러싼 여백 설정에 따른 파장(叫의 초롱과 방향성)도 커진다. 이렇듯 세로 결의 띠와 배의 양식이 담긴 옛 책의 회화적 양상을 띠는 이유이자, 동아시아 시서화 양식의 정상화 연장선상[11]에 있는 이유이자, 그래피디자인 정체성의 근간인 이유이다.

비워서 채운 곳

두 책 여백[餘白]은, 남은 곳이 아닌 비운 곳이다. 필요한 만큼 배울 채운 곳이다. 에나 지금이나 아름답다운 책의 여백은 차 있다.

8. 중세 유럽 옛 책의 판면 구성 원리 (반데그라프, Van de Graaf). 위 여백보다 아래 여백이 넓다(1:2 비율). 선분긋는법에 의한 투시도를 연상시킨다.

10. 옛 책의 책장 넘기기
앞면과 뒷면이 하나의 판면으로 책장을 넘겨도 뒷면의 글이 비치지 않도록 두꺼운 판자에 두루마리 책(권자본)의 흔적이 남아있다.

이 보입니다. 르네상스 원근법(또는 선 원근법)이라고 들어 보셨죠? 투시가 적나라하게 드러나죠. 〈최후의 만찬〉 같은 그림을 보더라도 소실점이 명확하죠. 바닥에 그리드가 나타나기도 하고요. 80년대 오락실 게임에도 자주 등장하고, 3D 랜더링 툴은 선 원근법 자체죠. 북디자인에 관심 있는 분들이라면 서양 책의 판면 설계 방법론(Canon)을 보신 적이 있을 거예요. 성경책의 판면에서 유래했는데요. 복음을 담는 그릇으로서 자연의 섭리를 수학적 이치로 증명하는 형식인 거죠. 저는 이 구도가 〈최후의 만찬〉처럼 가운데로 향하는 1점 소실로 보여요. 서양의 옛 책은 대부분 이 구도에서 크게 벗어나지 않아요. 20세기에도 여러 디자이너가 나름의 개선안을 제안하지만 같은 맥락입니다. 현대 타이포그래피의 거장 얀 치홀트(Jan Tschichold, 1902~1974)도 같은 맥락의 방법론을 북디자인 실무에 적용했죠(The Form of the Book, p. 54, 1991). 여러분들이 좋아하시는 펭귄북스도 그중 하나입니다.

서양 책의 판면과 동아시아 책의 판면은 모두 회화적인 구도를 지니지만 원근감은 사뭇 다르죠. 선원근법과 공기원근법의 차이처럼요. 이걸 느낀 후부터 저는 원고의 성격과 출판 의도에 적합한 풍경을 떠올리게 됐고 그에 따라 윗 여백과 아랫 여백의 비율을 정하게 됐어요. 수묵화처럼 겹겹이 쌓이는 원근이 어울릴지, 르네상스 회화처럼 뚜렷한 소실점이 어울릴지 따져 보는 거죠. 내 작업의 맥락을 만들면 의도도 뚜렷해지고 훨씬 재미나요. 이런 걸 꼭 짚어 발견하고 알아주는 사람은 없어도 분명 어떤 '느낌'은 받을 거예요. '대중은 그런 거 모른다'는 분들도 계시지만, 느낌이라는 건 알고 모르고의 차원이 아니에요. 콕 집어 말로 표현할 수 없는 영역에도 많은 감동과 가치가 있으니까요.

모아쓰기

저는 '한자 문자권'이라는 말을 대신해서 '모아쓰기 문자권'이라는 말을 써요. CJK(Chinese, Japanese, Korean)라고 이야기하죠. 동아시아는 오랫동안 한자를 써 왔지만 한자만 쓴 건 아니죠. 한국은 한글, 일본은 가나를 함께 쓰죠. 이 문자들까지 아우르는 개념으로 떠올린 게 모아쓰기 문자권이에요. 초성자, 중성자, 종성자를 모아써서 완성자를 만들 듯이, 한자도 변, 방, 관, 답 등의 구조로 여러 글자를 모아써서 새로운 글자를 만들어 내죠. 여러 요소를 하나의 공간에 넣어야 하기 때문에, 모이는 글자는 유연해야 하고 모이는 공간은 견고해야 하죠. 한 쪽이 유연하면 다른 한 쪽은 견고해야 안정적이니까요. 한글 활자 한 벌을 만들려면 최소 2,350자의 완성자를 그려야 하는데, 그러려면 어마어마한 ㄱ을 그려야 해요. 모양이 계속 달라지죠. 서로 어울려야 하니까요. '그'의 ㄱ은 몸을 주욱 뻗고 '궬'의 ㄱ은 잔뜩 움츠리죠. 살아 움직이는 동물처럼요. 서체(書體)의 '체'도 몸체 자예요. 이렇게 격하게 움직이는 상황에서 글자가 모이는 공간까지 바뀌면, 의도가 담긴 공간을 만들기 어려워지는 거죠. 좁으면 늘리고 넓으니 좁히면 되겠다 싶어 그때그때 조정했는데, 3,000여 자를 그리다 보니 조정 규칙이 늘어나 서로 충돌하며 더 많은 규칙을 요하게 되죠. 결국 옴짝 달싹 못하게 돼요.

예를 들면 이런 경우에요. 한 글자의 공간감은 양옆에 글자를 붙여 봐야 비로소 알 수 있어요. 활자 한 벌을 11,172 자로 만든다면, 한 글자 다음에 올 수 있는 글자는 11,172자 이고 그다음에 올 수 있는 글자도 11,172자죠. 가로짜기와 세로짜기까지 고려하면 더 복잡해지고요. 한 글자가 늘어 날 때마다 글자끼리의 공간 유형은 11,172의 제곱으로 늘어 나죠. '이들', '아들', '애들', '예들'을 살펴볼게요. 'ㅇ'의 너 비가 점점 좁아지죠. 글자가 들어가는 상자(활자틀)의 크기 가 같기 때문이에요. 이럴 때 각 틀을 하나로 통일하는 것이 좋을까요, 서로 다르게 조정하는 게 좋을까요. 정답은 없지 만 아직까지는 통일해서 만든 것(고정너비 활자)이 훨씬 많 아요. 일본이나 중국도 마찬가지고요. 활자를 만들면서 이 런 고민은 피할 수 없어요. 하지만 너무 피곤하죠. 질려 버 리니까요. 그래서 철학이 필요한 건지도 모르겠어요. 저의 개똥철학은 이런 모아쓰기 문자권의 복잡성이 회화성을 띤 다고 봐요. 그림을 그리면서 화폭을 줄일 수는 없잖아요. 어 찌 보면 고정너비 활자는 '액자 크기를 맞춘 초상화 연작' 같은 거예요. 마찬가지로 비례너비 활자는 액자 크기가 다 른 초상화 연작이죠. 고정과 비례는 콘셉트에 따라 고르면 됩니다. 이런 단순한 사고방식이 복잡한 문제를 유연하고 꾸준하게 마주할 수 있게 만들어 주죠. 결국 복잡성에 가려 진 아름다움과 마주하는 거니까요. 살다 보면 내 삶이, 내 일이 한없이 초라해 보일 때가 있잖아요. 미디어는 더욱 맹

렬하게 아픈 곳을 후벼 파고요. 저는 본질이란 말을 참 좋아해요. 아름다움과 연결되거든요. 본질을 찾지 않으면 표면적인 사연에 휘말려 야비해져요. 문화나 예술이 필요한 이유도 야비해지지 않기 위함이잖아요.

코로나19가 유행하기 전에 발표한 내용인데 다듬다 보니 벌써 백신 접종을 앞두고 있네요. 시대의 고찰이 새 패러다임을 맞이하는 데 필요한지 여전히 탐구하고 있어요. 하지만 자기 소신을 대의적인 옳음으로 몰고 가기는 싫어요. 나에게만 필요해서 나에게만 옳은 것일 뿐이니까요. 국문의 패러다임이 한자에서 한글로 넘어가던 시기를 떠올립니다. 결과적으로 한자를 남의 것으로 치부하고 배격하는 흐름이 생겼죠. 곧이어 영문이 제1외국어로 자리 잡았고요. 무엇이 중요할까요. '중요'의 최상급이 '필요'잖아요. 각자 필요한 것을 가졌으면 합니다. 하나가 필요하다고 나머지가 불필요한 건 아니잖아요. 서로의 필요를 존중하며 나아가다 보면 '우리'에게 필요한 것도 자연스레 알게 되겠죠. 요약하니 각자도생(各自圖生)이네요. '(험한 세상에서) 스스로 살 길을 꾀한다'는 뜻이죠. 앞 두 자에 방점을 찍으면 남을 돌보지 않는 이기주의로 흐를 수 있으나, 뒷 두 자에 방점을 찍으면 절체절명의 고찰로 풀이할 수 있어요. 쾌를 늘리는 쾌락주의와 불쾌를 줄이는 금욕주의가 똑같이 행복을 지향하듯, 목적에 이르는 길은 여러 가지입니다. 때에 따라 적합한 방법을 택하면 되겠죠. 참 쉽죠? ㅎ

북저널리즘은
"책처럼 깊이 있게, 뉴스처럼 빠르게
지적 콘텐츠를 전달하고, 다른 관점을 가진
젊은 혁신가들을 연결한다"는 미션을
갖고 있습니다. 콘텐츠를 매개로
독자와 저자, 독자와 에디터,
독자와 독자를 연결하고,
커뮤니티 내에서 다양한 지적 활동을
전개해 나갈 계획입니다.

깊이와
시의성을
담은
콘텐츠

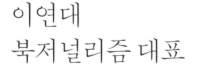

이연대
북저널리즘 대표

북저널리즘은 북(book)과 저널리즘(journalism)의 합성어입니다. '책처럼 깊이 있게, 뉴스처럼 빠르게' 우리가 지금, 깊이 읽어야 할 주제를 다루는 지식·정보 콘텐츠입니다. 출시한 지 이제 갓 2년이 된 젊은 브랜드라 하루가 다르게 변하고 있기에, 지금 당장의 모습보다는 런칭 과정에서 저희 팀이 가졌던 문제의식과 해법, 앞으로 나아가고자 하는 방향에 대해 소개해 드리고자 합니다.

먼저, 북저널리즘의 런칭 과정을 말씀드리겠습니다. 2016년 12월 북저널리즘의 콘셉트와 방향성을 결정하고, 이듬해 2월 브랜드를 런칭했습니다. 당시 저는 텍스트 콘텐츠를 읽는 시간이 과거에 비해 줄어들고 있었습니다. 텍스트와 멀어진 이유는 간단했습니다. 영상 매체를 소비하는 시간이 늘었기 때문입니다. 당시에도 신문은 꾸준히 읽고 있었지만, 신문 기사만으로는 지적 갈증이 해소되지 않았습니다. 기사의 내용을 충분히 이해해도 돌아서면 잊어버리는, 다시 말해 기사에 담긴 정보가 '내 것'으로 체화되는 느낌은 좀처럼 들지 않았습니다. 그렇다고 사회에서 벌어지는 다종다양한 일들을 모두 책을 찾아보고 익히자니, 그렇게까지 해야 하나 싶기도 했고 무엇보다 모든 지식을 책으로 접하기에는 시간이 부족하다는 생각을 했습니다.

이런 고민을 하던 차에 영국 시사 주간지 〈이코노미스트〉의 스페셜 리포트를 접하게 됐습니다. 책 속의 책처럼 주간지 안에 A4 15페이지 안팎의 분량으로 한 가지 주제를 밀도 있게 다루는 리포트였습니다. 20분이면 완독이 가능한 분량이었는데요. 깊이도 갖추고 있어 최소 시간에 최상의 지적 경험을 할 수 있었습니다. 그 글을 읽고 나서 〈이코노미스트〉의 스페셜 리포트처럼 깊이와 시의성을 갖춘 아티클을 모아 놓은 서비스가 있으면 어떨까 하는 생각을 했습니다. 북저널리즘의 시작이었습니다.

대략의 콘셉트를 확정한 이후 책과 뉴스 이용자를 대상으로 집단심층면접(FGI) 조사를 실시했습니다. 저와 저희 팀이 느끼는 불편한 점(pain point)을 실제 이용자들도 느끼고 있는지 확인해야 했습니다. 먼저, 뉴스 이용자들에게 뉴스라는 상품의 어떤 점이 불만족스러운지 물었더니, "믿고 읽을 만한 뉴스가 드물다"거나 "맥락과 배경까지 깊이 알기 어렵다"는 답을 얻게 됐습니다. 단순 사실 나열이 아닌 분석과 해설 기사를 원한다는 응답이 많았습니다. 과거와 달리 이제 정보는 값이 쌉니다. 모든 정보에 실시간 접근할 수 있는 시대에 값어치가 있는 것은 정보 자체가 아니라 정보의 해석입니다. 이용자들의 의견을 종합하자면, 지금의 뉴스는 시의성이 있지만 깊이가 아쉽다는 결론을 내릴 수 있었습니다.

그럼, 책 이용자들은 어떤 문제를 겪고 있었을까요. 책 이용자들은 책에 대해 "언제 읽어도 그만이다", "지적 호기심은 있지만 굳이 찾아서 읽자니 과하다"는 의견을 내놨습니다. '언제 읽어도 그만'이라는 특성은 스테디셀러의 조건이 되기도 하지만, 요즘처럼 보고 듣고 읽을 것이 넘쳐나는 시대에는 시간이라는 한정된 자원을 점유하는 경쟁에서 약점으로 작용할 수 있습니다. 다시 말해 책은 읽을 만한 가치가 있는(worth reading) 상품이지만, 꼭 읽어야 하는(must read) 상품은 아니었습니다. 이용자 조사를 바탕으로 저희가 도출한 결론은, 책은 깊이가 있지만 시의성이 부족하다는 것이었습니다. 여기서 말하는 시의성이란 지금 벌어지고 있는 일들을 다룬다는 의미도 있지만, 지금 읽어야 할 당위를 의미하기도 합니다.

책인가, 뉴스인가

텍스트 기반의 지식 콘텐츠를 이루는 두 기둥, 책과 신문의 특성을 종합하면, 뉴스는 시의성이 있지만 깊이가 부족하고, 책은 깊이가 있지만 시의성이 부족합니다. 그래서 저희는 책의 깊이와 뉴스의 시의성을 결합한 지식 콘텐츠를 만들기로 했습니다. 이 과정에서 또다시 이용자 조사를 실시했고, 다음의 네 가지 주요한 질문을 마주하게 됐습니다. 이 질문들에 답하는 과정에서 저희가 하고자 하는 업의 본질을 생각하고, 비즈니스 모델을 구축할 수 있었습니다. 그럼, 지금부터 그 질문과 저희 나름의 해법을 하나씩 설명해 드리도록 하겠습니다.

첫째, 두 매체의 장점을 결합한 콘텐츠는 책인가, 뉴스인가. 저희가 북저널리즘이라는 새로운 콘텐츠를 만들기로 했을 때 가장 많이 접한 질문입니다. 그러나 저희는 이런 구분이 이용자 입장에선 무용하다고 판단했습니다. 분량이 짧으면 기사, 길면 책, 날마다 나오면 일간지, 월마다 나오면 월간지라는 전통적인 구분은 독자들에게 어떤 효용도 가져다주지 않습니다. 발행 방식이나 주기, 분량 같은 공급자 중심의 구분법이 아니라, 이용자의 니즈와 이용 형태에 따라 구분하면 어떨까요. 예컨대 좋은 팀장이 되고 싶을 때 읽는 것이 있을 수 있고, 출퇴근 시간을 알차게 사용하고 싶을 때 보는 것이 있을 수도 있습니다. 이런 접근도 가능하다고 생각했습니다.

저희가 만드는 콘텐츠를 '책이냐, 뉴스냐'로 구분하기 전에, 먼저 뉴스의 개념에 대해서도 살펴볼 만한 부분이 있습니다. 흔히 뉴스라고 하면 고정된 한 가지 형식을 떠올리기 쉽습니다. 팩트 중심이고, 객관적이고, 중학생도 이해할 수 있도록 쉽게 쓰인 글이고……. 대략 이런 정의인데요, 대다수의 사람들이 뉴스를 거의 매일 소비하다 보니, 뉴스가 얼마나 많이 변화하고 있는지 체감하기가 쉽지 않습니다. 그런데 과거의 신문을 살펴보면 뉴스의 개념과 형태, 소비 방식이 끊임없이 바뀌어 온 것을 확인할 수 있습니다. 근대적인 신문이 등장한 19세기 중반부터 1990년대 후반까지 뉴스는 팔목을 움직여 소비하는 것이었습니다. 그러다 1990년대 후반부터 인터넷이 보편화되면서 뉴스는 마우스를 스크롤하며 소비하는 것이 되었습니다. 그리고 또 한 차례 변화를 맞는데요. 우리나라 기준으로 아이폰이 등장한 2009년부터는 엄지손가락으로 액정 화면을 밀어 올리며 소비하는 것이 되었습니다.

소비 방식뿐만 아니라 제작 방식도 크게 달라졌습니다. 주요 일간지의 1면 기사가 1960년대에는 평균 15개에 달했습니다. 현재는 4개입니다. 과거에는 정보를 최대한 많이 전달하는 것이 중요했기 때문에 1면에 기사가 많이 들어갈 수밖에 없었을 것입니다. 그러나 요즘은 어떨까요. 독자들이 전날 저녁에 포털에서 확인한 뉴스들을 굳이 다음 날 아침에 종이에 실어 보낼 이유가 사라졌습니다. 그렇다 보니 과거에는 단순 사실을 나열했지만, 이제는 여러 사실을 엮어 해설하는 형태로 1면이 바뀌고 있습니다. 우리는 뉴스를 매일 접하기 때문에 그 변화를 체감하기 어렵지만, 한 발 떨어져 살펴보면 뉴스를 소비하고 편집하는 방식이 지난 30년간 비약적으로 변해 왔다고 할 수 있습니다.

뉴스의 개념 역시 고정불변한 것이 아닙니다. 미국에서 신문이 처음 등장했을 때 신문은 대단히 당파적인 매체였습니다. 공화당원이 보는 신문, 민주당원이 보는 신문이 나뉘어 있었습니다. 그러다 운전 기술의 발달로 신문을 더 빠르게 더 많이 찍어 낼 수 있게 되자, 굳이 한쪽 취향에만 맞는 제품을 생산할 까닭이 없게 됐습니다. 기계적 중립을 지키면 공화당원, 민주당원 모두에게 판매할 수 있으니까요. 이처럼 지금 우리가 너무나 당연하게 여기는 것들은 고정된 것이 아니라 변화할 수 있는 것입니다. 저는 한 세기 가까이 이어져 온 객관주의 저널리즘이 디지털 시대로 접어들며 위기를 맞고 있다고 생각합니다. 이제 단순 사실은 누구나 손쉽게 전달할 수 있게 되었습니다. 머지않은 미래에 단순 사실의 전달은 비트(bit)의 조합으로 여겨질지 모릅니다. 이제는 저널리스트의 고유한 관점과 통찰을 전달해야 합니다.

시의성과 깊이

둘째, 시의성과 깊이를 동시에 갖출 수 있는가. 앞서 말씀드린 것들에 이미 답이 나와 있습니다. 단순 사실은 콘텐츠의 수명이 짧지만, 관점과 통찰은 수명이 깁니다. 미국의 전자상거래 기업 아마존에서 신선 식품을 주문하면 고객의 집 냉장고 안에까지 배달해 주는 '라스트 마일 딜리버리'(last mile delivery) 서비스를 시작했다고 가정해 보겠습니다. 서비스 론칭과 함께 이런 기사가 나올 수 있습니다. "미국 시애틀 일부 지역에서 아마존이 라스트 마일 딜리버리를 시작했다. 10일 오전부터 신선 식품을 주문하면 고객의 집 냉장고 안에까지 배달해 주는 서비스다. (후략)" 이 기사의 수명은 길어야 2, 3일에 불과할 것입니다.

그러나 아마존의 새 서비스 소식을 전하면서 서비스에 적용된 기술이나 특허를 논하고, 아마존이 겨냥하고 있는 다음 스텝을 전망하고, 국내에서 이와 유사한 기술을 확보했거나 도입 중인 기업들을 소개하고, 입법 과제까지 함께 다룬다면 콘텐츠의 수명이 6개월까지 늘어날 수 있습니다. 마찬가지로 대통령 선거 다음 날, 어떤 후보가 몇 표 차이로 이겼다는 기사는 수명이 반나절에 그치겠지만, 당선인 캠프에서 경제 정책 입안을 담당했던 10여 명의 면면을 소개하고, 그들의 과거 이력, 연구 활동, 주요 발언, 인적 네트워크 등을 분석하면서 새 정부의 경제 정책이 이러이러한 방향으로 흐를 것이라 전망한다면 최소 3~6개월의 수명을 갖춘 콘텐츠가 될 수 있다고 생각합니다.

종이책 시장

셋째, 종이 매체는 사양 산업이라는 지적입니다. 북저널리즘 런칭을 준비하면서 많이 들었던 얘기 중 하나인데요. 신문 시장이 과거의 위세를 유지하지 못하고 있고, 출판 시장 역시 매년 단군 이래 최대 불황을 이야기하는 판국에, 신문과 도서를 결합한 어떤 시도를 해보겠다는 것이 꽤 도전적으로 비쳐졌던 것 같습니다. 그런데, 저희는 도서 시장, 신문 시장이 사양 산업이라고 생각하지 않습니다. 또한 사양하는 기업은 있을 수 있어도 사양하는 산업은 없다고 생각합니다. 훗날 냉장고라는 제품은 사라질 수 있겠지만, 식품을 신선하게 보관하고 싶은 니즈만큼은 사라지지 않을 것입니다. 마찬가지로 책과 신문 자체가 먼 미래에도 여전히 존재할 것이라 확신할 수는 없지만, 그 상품을 즐겨 찾았던 이용자의 니즈만큼은 결코 사라지지 않을 것입니다.

신문 시장과 출판 시장을 합하면 8조 원 규모입니다. 여기에 평생학습 시장(2조 4500억 원)을 더하면 10조 원이 넘어섭니다. 요즘 더구나 평생학습 시장은 매년 빠르게 증가하고 있는 추세입니다. 요즘 가장 유망하다고 하는 국내 게임 시장이 15조 원 규모인데요. 지식 콘텐츠 시장은 게임 시장과 견주어도 크게 밀리는 시장은 아니라고 생각합니다.

종이 매체 시장이 과거에 비해 활력을 잃은 것은 사실이지만, 디지털화가 더디 진행되고 있는 만큼 비즈니스 차원에서는 여전히 매력적인 시장입니다. 전자책 이용자가 가장 많다고 하는 미국에서도 전체 도서 매출에서 전자책이 차지하는 비중은 20퍼센트가 되지 않습니다. 더구나 상승세가 꺾이고 있는 추세입니다. 우리나라에서는 5퍼센트에 조금 못 미치는 상황입니다. 디지털 트랜스포메이션 자체를 부정하는 것은 아닙니다. 저희 역시 디지털 서비스를 제공하고 있고, 디지털 서비스에 많은 시간과 비용을 투입하고 있습니다. 그러나 현 시점에 한정해 말씀드리자면, 텍스트 기반의 지식 콘텐츠 시장에서 95퍼센트를 외면하고 나머지 5퍼센트에만 집중하는 것은 사업적으로 유리하지 않다고 판단하고 있습니다. 더 큰 시장에서, 더 많은 독자를 만날 기회를 아날로그냐, 디지털이냐, 오프라인이냐, 온라인이냐, 이런 이분법으로 가둘 수는 없다고 생각합니다.

종이책처럼 물성을 지닌 콘텐츠가 가진 고유한 장점이 또 하나 있습니다. 바로 물리적 공간을 차지한다는 것인데요. 물리적 공간은 지대(地代)로 환산할 수 있습니다. 책이 서점에 입고되고 매대에 진열되면 판매가 이뤄지는 동시에 그 자체로 광고 효과를 지니게 됩니다. 현재 전국 서점에서 저희 책이 표지가 보이도록 노출된 면적을 부동산의 관점에서 접근하면 그 자체만으로도 수천만 원의 경제적 효과를 지닙니다. 그런데 디지털 콘텐츠는 이렇게 할 수가 없습니다. 디지털 콘텐츠가 오프라인 영역에서 브랜드를 드러내려면, 플래그십 스토어나 광고 부스 등 물리적 실체를 구성해야 하는데, 여기에 별도의 홍보비가 소요됩니다.

물론 종이 매체의 단점도 분명히 존재합니다. 대표적인 것이 발견성의 문제입니다. 한 해 동안 8만 종의 책이 발간됩니다. 새 책이 나왔다는 사실을 알리기가 무척 어려워졌습니다. 그런데 저희는 출판업 경험이 거의 없는 상태에서 이 분야에 뛰어들어서인지, 출판업에선 당연한 것들이 조금 아이러니하게 느껴졌습니다. 예를 들어 삼성전자의 핸드폰 갤럭시S9가 나오고 1년쯤 지나 갤럭시S10이 나오면, 갤럭시S10 출시를 알리는 홍보 담당자들은 S9까지 구축된 브랜드 자산을 갖고 홍보를 시작합니다. 그런데 도서 단행본의 경우 늘 0에서부터 홍보를 시작해야 합니다. 어떤 책을 100만 권 판매한 출판사도 다음 책은 0에서부터 시작합니다. 일반적인 독자들은 출판사 브랜드를 보고 책을 선택하지 않기 때문입니다. 그런 면에서 비효율적인 부분이 있다고 생각했고, 브랜드의 힘, 시리즈의 힘으로 이런 문제를 극복해야겠다고 생각했습니다. 저희가 발행하는 지식 콘텐츠들이 개별로 소비되는 것이 아니라, 북저널리즘이라는 틀 안에서 소비되어 이용자들께서 '북저널리즘 이번 편이 나왔네'라고 생각하실 수 있도록 일관된 이용자 경험을 제공해야겠다고 생각했습니다.

1~2   현재 저희는 손바닥만 한 크기의 종이책을 내고 있는데요. 한 가지 형태만을 고집하지는 않습니다. 콘텐츠가 내용물이라면, 그걸 담는 그릇인 컨테이너를 최대한 다양하게 가져가려고 합니다. 〈Mono.Kultur〉라는 독일의 인터뷰 매거진이 있습니다. 호마다 판형이 다른데요. 어떤 것은 손바닥만 하고, 어떤 것은 책을 넘기는 부분이 봉해져 있고, 어떤 것은 펼치면 전지 사이즈가 됩니다. 저희 역시 콘텐츠에 최적인 컨테이너를 찾고자 합니다. 그 컨테이너는 종이책이 될 수도 있고, 브로슈어가 될 수도 있고, 타블로이드가

국가 플랫폼에 민주주의를 코딩하다

대만의 시빅 해커들은 민주주의를 사회적 기술로 간주한다. 오픈 소스 소프트웨어처럼 누구든 소스 코드를 열어보고, 새 버전을 시험하고, 더 좋게 만들 수 있다고 믿는다. 이것이 바로 인터넷 시대의 참여 민주주의다.

대만의 디지털 민주주의와 오드리 탕
한영근

"인터넷 이전에 고안된 대의제 민주주의는 수많은 사람의 의견을 직접 묻고 들을 수 없다는 현실적 한계에 따른 타협책이었다. 그러나 이제는 광장에 모이지 않고도 인터넷을 통해 모든 사람의 의견을 확인할 수 있게 됐다. 오드리 탕은 이런 변화를 두고 대표(representativeness)가 재현(representation)에 자리를 내주게 되었다고 말한다."

대만의 디지털 민주주의와 오드리 탕

북저널리즘   BOOK JOURNALISM
04544 서울시 중구   05 543 Samil-daero, Jung-gu,
삼일대로 343 4층   Seoul, 04544 Korea

책처럼 깊이 있게
뉴스처럼 빠르게

북저널리즘 Plus 멤버십(디지털+종이책) 패키지

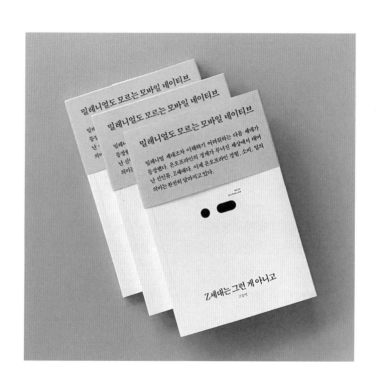

북저널리즘 종이책 표지

될 수도 있고, 엽서가 될 수도 있습니다. 디지털 역시 콘텐츠를 담는 좋은 그릇 중 하나라는 생각입니다. 저 회사는 종이책을 내는 회사다, 디지털 콘텐츠 회사다, 이런 구분보다는 콘텐츠를 잘 만드는 회사이고, 아날로그와 디지털을 가리지 않고 최적의 컨테이너에 담아내는 콘텐츠 회사라는 평가를 받고 싶습니다. 실제로 디지털 네이티브 세대들은 이미 온라인과 오프라인을 구분하지 않고 있습니다.

반복과 확장

넷째, 깊이 있고 빠르게 '많이' 발행할 수 있는가. 사실 이 질문에 대한 답을 가장 오래 고민했습니다. 그리고 이 문제에 답하기에 앞서 스타트업의 정의에 대해 먼저 고민했습니다. 저희가 내린 정의는 '반복과 확장'이었습니다. 스타트업은 이용자의 문제를 해결하고, 반복과 확장이 가능한 비즈니스 모델을 갖춘 곳입니다. 대개 반복과 확장은 IT 기술을 통해 이뤄지는 경우가 많기 때문에, IT와 스타트업이 동의어처럼 여겨집니다. 그러나 저희가 내린 정의에 따르면, 아마존 밀림의 어느 소수 부족의 언어를 파푸아뉴기니의 어느 소수 부족의 언어로 번역해 주는 앱 서비스는 스타트업이 될 수 없습니다. 반복은 가능하지만 확장이 불가능하기 때문입니다. 그 앱이 다운로드될 수 있는 최대치는 기껏해야 1천 건도 되지 않을 것입니다. 같은 이유로 대개의 외식업은 스타트업이 되기 어렵습니다. 확장에 한계가 있기 때문입니다.

'반복과 확장'이라는 요소를 콘텐츠 산업에 대입하면, 스타트업이라 부를 만한 곳이 많지 않습니다. 뉴스 스타트업을 표방하는 곳이 많지만, 데이터와 기술 기반의 뉴스 큐레이션 회사를 제외하고, 뉴스를 자체 생산하는 곳 중 스타트업이라 할 만한 곳이 드뭅니다. 레거시 미디어보다 뉴스 생산자(기자)의 수는 훨씬 적은데 제작 방식은 같습니다. 기자의 개인 역량과 노동력에만 전적으로 의존하고 있습니다. 더 좋은 기사를 더 많이 발행하려면 더 많은 기자를 채용하는 수밖에 없습니다. 레거시 미디어가 다루지 않는 독특한 주제에 천착한다고 해서 뉴스 스타트업이 될 수는 없습니다. 영상 콘텐츠 역시 마찬가지입니다. 콘텐츠를 유통하는 채널이 새로워졌을 뿐, 생산자의 노동력에만 의존하는 것은 수십 년 전의 제작 현장과 다를 바 없습니다.

저희는 '반복과 확장'이 가능한 비즈니스 모델을 갖추기 위해 몇 가지 방법을 채택하고 있습니다. 먼저, '기자의 전문화'라는 개념을 소개해 드리고 싶습니다. 의학 전문 기자, 법학 전문 기자 등 해당 분야에서 오래 일했거나 라이선스를 갖고 계신 분들인데요. 기성 언론들이 이런 전문 기자 영역을 확대하고 있습니다. 그런데, '기자의 전문화'가 가능하다면 '전문가의 기자화'도 가능하다고 생각했습니다. 기성 언론은 직접 취재해 보도하지만, 북저널리즘은 각계 전문가가 저술합니다. 학술적 깊이와 현장 경험을 두루 갖춘 저자들이 저희 팀과 협업해 심도 있고 시의성 있는 저널리즘 콘텐츠를 생산합니다.

다음으로는 외부 파트너들과의 협업입니다. 한국인의

영어 구사 능력이 과거보다 월등히 늘었지만, 영어를 국문만큼 편하게 읽을 수 있는 사람은 많지 않습니다. 우리 독자를 1980년대 초반부터 2000년대 초반에 태어난, 스마트한 코즈모폴리턴(cosmopolitan)이라 상정할 때 국내 콘텐츠만으로는 독자의 다양한 니즈를 충족하기 어렵다고 생각했습니다. 그래서 해외 매체들과 협업해 이런 부족한 부분들을 메꾸고 있습니다.

먼저, 지난해 여름 영국의 일간지 〈가디언〉과 파트너십을 맺었습니다. 롱폼 저널리즘의 전형인 〈가디언〉의 롱리드(The Long Read)를 읽을 때마다 필진들의 고유한 관점과 사유, 문학적 서사가 탐났습니다. 단편 소설 한 편 분량이라 지루할 새 없이 깊은 통찰을 얻을 수 있습니다. 세계 각지의 이슈를 현장감 있게 다루고 있어 지적 호기심을 채우고 텍스트 편식을 막기에도 좋습니다. 좋은 글 중에서도 더 좋은 글을 선별해 북저널리즘에서 번역, 소개하고 있습니다.

영국의 〈이코노미스트〉와도 파트너십을 맺었습니다. 아시다시피 〈이코노미스트〉는 빌 게이츠, 에릭 슈미트, 헨리 키신저 등 세계적인 명사들이 애독하는 콘텐츠로 유명한데요. 〈이코노미스트〉의 콘텐츠를 한국 독자들에게 매주 소개하고 있습니다.

국내 미디어들과는 아직 본격적인 협업을 하고 있지는 않습니다. 그 매체들의 사이트에서 간편하게 무료로 접근할 수 있는 콘텐츠를 저희가 그대로 다시 제공하는 것은 이용자 입장에서 큰 의미가 없다고 생각하고 있습니다. 그래서 기존의 콘텐츠를 일부 사용하더라도 맥락에 맞게 재구성하거나, 원고를 일부 추가해 리번들링, 리패키징해서 제공하면 좋을 것 같아, 이 부분에 있어서는 몇몇 매체들과 논의를 하고 있습니다.

　다음으로 오리지널 콘텐츠가 있습니다. 저희가 기성 출판사와 가장 크게 다른 점이기도 합니다. 저희 에디터들은 저자의 콘텐츠를 편집하기도 하지만, 직접 취재하고 집필하기도 합니다. 저희가 콘텐츠를 만드는 원칙은 간단합니다. 최고의 저자를 찾아 최상의 콘텐츠를 발행하는 것입니다. 저희 팀이 최고의 저자라고 판단할 때는 직접 취재, 집필합니다. 예를 들어 지난해 가을에 《Why, YC》라는 콘텐츠를 발행했는데요. 미국의 스타트업 액셀러레이터 '와이콤비네이터'(Y Combinator)를 조명한 콘텐츠입니다. 와이콤비네이터는 세계에서 가장 영향력 있는 액셀러레이터입니다. 에어비앤비와 트위치, 드롭박스, 스트라이프, 레딧 등 다수의 글로벌 기업을 배출했습니다. 지금까지 와이콤비네이터의 선택을 받은 한국 기업인은 여섯 명인데요. 저희 팀이 이들 CEO를 모두 만나 인터뷰한 콘텐츠입니다. 저희 팀이 인터뷰에 강점이 있기 때문에 최고의 저자라고 판단하고 이 콘텐츠를 직접 집필하게 됐습니다.

　'반복과 확장'이라는 문제에 있어 지금 가장 고민하고 있는 것은 CMS(Contents Management System) 개발입니다. 저희 콘텐츠의 저자들 중에는 교수, 연구원분들이 많습니다. 학술적인 글쓰기에 익숙하신 분들이라 일반 독자 입장에선 조금 어렵게 느껴지는 표현이나 전문 용어들이 원고에 꽤 포함돼 있습니다. 저희 팀이 문장을 더 쉽고 간결하게 다듬는 데 시간이 상당히 소요되는데요. 이 시간을 단축하기 위해 저자가 원고를 작성할 때 사용하는 텍스트 입력기를 어느 정도 자동화할 계획입니다. 가령 전문 용어가 일정 비율 이상 입력되면 자동으로 표시를 해주고, 그 단어와 문장을 쉽게 풀어 써달라는 메시지가 나타나는 식입니다. MS 워드나 한글 프로그램 등에 있는 맞춤법 검색 기능과 유사한 기능을 온라인 텍스트 입력기로 옮겨 온다고 생각하시면 될 것 같습니다. 간단한 맞춤법, 교정·교열 기능에 전문 용어를 순화하는 기능까지 넣은 것입니다. 이런 작업을 거친 이후에 에디터가 최종적으로 원고를 검토하도록 할 생각입니다. 완전한 자동화라고는 할 수 없지만, 반자동화 정도는 되지 않을까 생각하고 있습니다.

2017년 2월 론칭 이후 북저널리즘은 종이와 디지털로 200여 종의 콘텐츠를 발행했습니다. 지난 5월부터는 서브스크립션 서비스도 제공하고 있습니다. 분기당 평균 56퍼센트씩 성장하고 있습니다. 아직 채워야 할 부분이 많지만, 지식 콘텐츠 시장의 새로운 가능성을 확인한 2년이었다고 생각합니다. (3~5)

날마다 새로운 제품과 서비스가 쏟아지고 있습니다. 비즈니스 모델도 빠르게 변화하고 있습니다. 잠시 머뭇거리는 사이 트렌드에 뒤처지고 경쟁에서 밀려나지는 않을까 걱정이 되기도 합니다. 그럴 때마다 저희 팀은 시간이 지나도 바뀌지 않는 것에 대해 고민합니다. 지금 15초짜리 영상이 인기라고 해서 10년 뒤에도 그러리라는 보장은 없기 때문입니다. 10년이 지나도 소비자들의 선택을 받는 영상 콘텐츠는 15초짜리 영상이라기보다는 '재밌는' 영상일 것입니다. 시간이 지나도 바뀌지 않는 것이 그 업의 본질이라고 생각합니다.

그렇다면 모든 비즈니스 영역에서 시간이 지나도 바뀌지 않는 것은 뭘까요. 멀리 봤을 때 시장은 이용자에게 가장 유리한 방향으로 이동한다는 것입니다. 포드사가 20세기 초에 세계 최초로 대량 생산한 차량인 모델T를 내놨을 때는 차량 색상이 검정색 한 가지뿐이었다고 합니다. 두 가지 이유가 있었다고 하는데요. 첫째는 검정색 페인트가 빨리 마르기 때문이고, 둘째는 창업자인 헨리 포드가 "사람들은 검정색을 좋아한다"고 믿었기 때문입니다. 아시다시피 지금은 자동차 색상이 다양해졌고 심지어 커스터마이징(고객의 요구에 맞춰 제작해 주는 서비스)도 가능합니다. 시장 지배적 사업자의 의사 결정이나 정치, 사회적인 이유로 인해 특정 기간 동안은 시장이 기업에 유리하게 돌아갈 수 있겠지만, 역사적으로 보면 시장은 늘 이용자 중심으로 이동해 왔다고 생각합니다.

이 명제를 지식 콘텐츠 시장에 적용하면 불변하는 두 가지 원칙이 나옵니다. 첫째, 최고의 저자가 최상의 콘텐츠를 전달하는 것입니다. 아무리 오랜 시간이 지난다 해도 엉터리 저자의 수준 낮은 콘텐츠를 보고 싶어하는 이용자는 없을 테니까요. 둘째, 최소 시간에 최상의 지적 경험을 제공하는 것입니다. 이 역시 시간이 흘러도 불변할 것입니다. 단

"돌이켜 보면 스타트업이라는 우리의
태생이 피벗을 결정하는 동인이
된 것 같다. 스타트업은 당장의
이윤보다 성장의 추이로 평가받는
조직이다." ─ 직토 김경태 대표

스타트업 플레이북

"생애 주기 개념에서 서른이라는
나이는 여러 가지 의미로 경계에
있다. 갈목에 서 있다는 점에서
여전히 다양한 가능성이 존재하지만,
어느 쪽이든 삶의 방향을 결정해야
한다는 점에서는 부담스러운 위치다.
그래서 힘겹고 불안한 시기이기도
하다."

불안한 어른

"차별 문제는 일부 사회적 약자만의
문제라는 인식이 넓게 퍼져있기
때문에, 심각한 정도에 비해
대중의 관심사가 되지 못하고 있다.
그럴수록 정치인은 차별의 실상과
그 피해 사례를 적극적으로 소개하고
이를 해결하기 위한 공감대를
형성하는 오피니언 리더의 역할을 할
필요가 있다."

왜 차별금지법인가

"스스로 여성이라는 프레임에
갇혀서 자신의 역량을 가두지
않았으면 좋겠다. 내가 하고 싶은
일이라면 내가 길을 찾고 만들어
가려는 능동적인 마음을 가지는 게
중요하다. 여성이라는 것뿐 아니라
본인을 가두는 프레임을 함부로
받아들이지 않았으면 좋겠다. 왜 한 때
무엇이든 될 수 있다."

라 보스

북저널리즘 콘텐츠 소개 포스트 카드

북저널리즘 타블로이드 에디션

스크립드, 트위치 창업자와의 인터뷰

YC의 지원 자격은 어떻게 되나?

회사 지분을 최소 10퍼센트 이상 가진 공동 창업자여야 한다. 나는 공동 창업자인 CTO와 면접을 보러 갔다. 투자를 받기 전에 미국 법인화도 필요수다.

투자조건이 궁금하다.

총 12만 달러를 투자받고 회사 지분의 7퍼센트를 준다. 투자 금액 중 2천 달러는 지분 6퍼센트에 해당하는 보통주로 취득 하고, 남은 10만 달러는 SAFE(Simple Agreement for Future Equity)라는 일종의 컨버터블 스톡(convertible stock)으로 투자하고, 밸류에이 션 캡(valuation cap)을 1000만 달러로 정한다. 미래 기업 가치를 1000만 달러로 보고 추후 지분 1퍼센트에 해당하는 주식으로 전환을 일도록 고정할 것이다. 그리고 'pro-rata'라는 계약 조건이 있어서 향후 추후 투자를 유지할 때, YC가 지분을 7퍼센트를 유지할 수 있는 권리를 갖게 된다.

이미 성공한 회사들이 액셀러레이터에 들어가려는 이유가 뭔가?

나와 같이 있었던 동기 회사가 기업 가치가 1000억 원이었다. 사업한 지 18년이 된 유럽 회사였는데, 매출도 이미 몇백억 원이 나왔다. YC의 초기 스타트업만 지원하는 것이 아니다. 미국 시장에 성장하는 데 도움을 받으려는 회사들도 온다.

그런 큰 기업이나 아이디어밖에 없는 초기 기업이 같은 평가를 받는다니 의외다.

YC의 생각은 이렇다. "너희가 지금 두 명밖에 없는 회사로 제품도 없지만, 일단 우리 네트워크에 들어왔으니 기업 가치가 최소 1000만 달러는 된다."

다시 지원할 때 만반의 준비를 했겠다.

그렇지는 않았다. 처음 지원할 때는 면접 스타디까지 하면서 한 달을 꼬박 준비했다. 그래서 탈락 소식을 들었을 때 좌절이 왔다. 두 번째 지원할 때는 물리적으로 시간이 부족해서 제대로 준비할 수가 없었다. 회사 소개와 데이터 자료도 작년에 썼

You should be in the valley

미미박스의 근무를 들러 봤다. 국내보다 해외에서 주로 활동하는 것 같다.

2012년 창업 당시 다양한 화장품을 박스에 담아 정기적으로 보내 주는 서브스크립션 커머스(subscription commerce)로 시작을 했다. 공동 창업자 김도인 이사를 만나 글로벌 스타트업이 되는 것을 사회적 미션으로 꿈꿨다. 미미박스(Memebox)를 통해 개인적 성공을 하기보다, 진정한 글로벌화를 달성해 많은 스타트업들에게 용기가 되고 싶었다. 그래서 2014년부터 4년을 무자체서 해외로 확장했다. 당시 나는 미국으로, 김도인 이사는 중국으로 향했다. 판매의 본사는 한국에 있지만 해외에서 적극적으로 사업을 진행하고 있다. 1년에 250일 정도 미국에 체류한다. 올해는 매출의 60퍼센트가 해외에서 나올 전망이다.

한국에서는 화장품을 온라인으로 판매하는 커머스 사업을 벌이고 있다. 해외에서는 어떤가?

한국, 중국, 미국, 대만, 홍콩에 진출해 있는데, 나라별로 역량과 시장에 맞춰 포털하를 했다. 미국은 커뮤니티 서비스와 데

이터 사업, 홍콩과 대만은 브랜드 사업(PB 사업), 중국은 커머스와 브랜드 사업이 기반이다.

미국 시장에서 커뮤니티 서비스에 집중하는 이유가 뭔가? 역시 마마준 때문인가?

그런 부분도 없지 않다. 다만 어떻게 하면 화장품을 더 잘 팔 수 있을까 고민하다가 시장의 변화를 감지했다. 뷰티를 발견하는 방법이나 고객 경험 자체가 완전히 바뀌었다. 과거에는 사람들이 화장을 매장에 가서 제품을 받는데, 요즘 젊은 사람들은 유튜브에서 영상을 보고 구입한다.

미국 액셀러레이터를 경험한 것이 해외 사업에 큰 도움이 됐다.

YC가 우리를 해외 사업에 나서지 않을 수 없는 구조로 만들었다. 미국 사업을 하는 데 있어 YC의 초기 문화가 회사를 키우는 데 많은 도움을 줬다.

북저널리즘 종이책 내지

순 엔터테인먼트 목적의 콘텐츠라면 즐기는 시간을 늘리는 것을 이용자들이 선호할 수도 있습니다. 그러나 지식 콘텐츠는 다릅니다. 가장 적은 시간을 들여 가장 많은 것을 얻을 수 있기를 바랍니다. 저희 팀은 크고 작은 의사 결정을 내리기 전에 이 두 가지 조건에 부합하는지를 가장 먼저 생각하려고 노력합니다.

북저널리즘은 "책처럼 깊이 있게, 뉴스처럼 빠르게 지적 콘텐츠를 전달하고, 다른 관점을 가진 젊은 혁신가들을 연결한다"는 미션을 갖고 있습니다. 콘텐츠를 매개로 독자와 저자, 독자와 에디터, 독자와 독자를 연결하고, 커뮤니티 내에서 다양한 지적 활동을 전개해 나갈 계획입니다.

이용자가 원하는 것은 드릴이 아니라 벽에 뚫린 구멍이라는 얘기가 있습니다. 지식 콘텐츠 이용자가 진정으로 원하는 것은 책이나 뉴스, 잡지, 강연, 모임 그 자체가 아니라, 이런 콘텐츠들을 통한 지적 성장입니다. 저희 팀은 독자의 지적 성장을 돕는 파트너가 되고자 합니다.

쓰고 잇고 읽는

Read, Write, Connect

지은이 김이경 김진성 박성열 석윤이 심우진 이연대
펴낸곳 주식회사 홍성사
펴낸이 정애주
국효숙 김의연 김준표 박혜란 송민규 오민택
오형탁 임영주 주예경 차길환 허은

2021. 7. 14. 초판 1쇄 인쇄 2021. 7. 23. 초판 1쇄 발행

등록번호 제1-499호 1977. 8. 1.
주소 (04084) 서울시 마포구 양화진4길 3
전화 02) 333-5161 팩스 02) 333-5165
홈페이지 hongsungsa.com 이메일 hsbooks@hongsungsa.com
페이스북 facebook.com/hongsungsa 양화진책방 02) 333-5161

• 잘못된 책은 바꿔 드립니다. • 책값은 뒤표지에 있습니다.

ISBN 978-89-365-1490-7 (03300)